Josef Mohr

Im Gleichklang der Kräfte

Josef Mohr

Im Gleichklang der Kräfte

Gesundheit leben
Leistung optimieren
Ziele erreichen

Impressum

Verlag: Edition Erfolg Verlag e.K.
Bildnachweis: JÖRG LÖHR Erfolgstraining (Cover), PETER SCHEERER // VISUELLE KOMMUNIKATION, Stuttgart
Titelgestaltung: Herbert und Herbertsfrau
Gestaltung und Satz:
evi schoettl, d.signer|büro für gestaltung, Aitrang; gesetzt aus der Univers
Druck: Graphicom Srl

ISBN 3-938826-25-8

Inhalt

Vorwort

Dieses Buch zeigt Ihnen einen Weg, wie Sie Harmonie zwischen Ihrem Gehirn und Ihrem Körper herstellen können – und wie Sie dadurch Ihre eigenen Potenziale entdecken und für sich und andere nutzen können. Es verbindet eine völlig neue Betrachtungsweise von Gehirn und Körper mit dem jahrhundertealten Wissen der Bewegungslehre. In der Einfachheit dieser Kombination liegt die Genialität. Hoch komplizierte Körper- und Gehirnfunktionen werden für jeden nutz- und anwendbar gemacht.

Denn wir tragen alles Wissen in uns – wo unsere tatsächlichen Talente liegen, wie wir sie erkennen und wie wir die in uns liegenden verborgenen Stärken entdecken und nutzen können. Dieses Buch ist die Gebrauchsanleitung dafür, wie Sie das Wissen Ihres Körpers für Ihr Leben einsetzen können.

Beschäftigen Sie sich auch manchmal mit Fragen wie ...

> Warum lebe ich so, wie ich jetzt lebe?
> Ist das Leben, so wie ich es momentan lebe, wirklich mein eigenes Leben?
> Verbringe ich meine Freizeit, so wie ich es möchte, und entsprechen meine Hobbys wirklich meinen Vorlieben und Neigungen?
> Ist mein Beruf der richtige, oder liegen meine Fähigkeiten ganz woanders?
> Wie erkenne ich meine eigenen Stärken und Talente?

Sie haben schon lange einen Weg gesucht, Ihr Leben zu verändern? Dieses Buch ist der erste Schritt dazu!

So wie die Techniken in diesem Buch mir geholfen haben, mein Leben neu zu gestalten, können sie auch Ihnen zu einem erfüllten Leben verhelfen. Der aus diesen Techniken entwickelte ganzheitliche Ansatz der »SANAKinetik« bedeutet übersetzt

»Gleichgewicht der Kräfte«. Kinetik ist die Lehre von den Kräften, die im Gleichgewicht sind. Und Sana ist die weibliche Eigenschaftsform des Wortes »sanitas«, Gesundheit, und bedeutet gesund oder heil sein.

Die nachhaltige Wirkung dieses Buches werden Sie erleben, wenn Sie seinen Empfehlungen folgen und aktiv werden. Seien Sie einfach Ihrem Körper dankbar – denn niemand weiß besser, was Ihnen gut tut, als er.

Viel Spaß beim Lesen und auf dem Weg zu mehr Lebensglück.

Ihr
Josef Mohr

Vorwort

»(Orandum est, ut sit) mens sana in corpore sano.«

Wie oft schon haben Sie dieses lateinische Zitat wohl gehört? Doch haben Sie auch verinnerlicht, dass »ein gesunder Geist nur in einem gesunden Körper wohnt«? Oder – im Umkehrschluss: Dass es ohne gesunden Körper keinen gesunden Geist geben kann?

Leider gehen wir viel zu oft in unserem Alltag über diese tiefe Weisheit hinweg. Wir versuchen, den Körper über unser Gehirn zu regieren und zu kontrollieren. Wir entfernen uns von den natürlichen Bedürfnissen unseres Körpers, missachten seine Signale und verbrauchen dabei oft mehr Energie, als uns zur Verfügung steht. Und wundern uns schließlich, wenn wir krank werden, erschöpft sind, uns einfach »ausgebrannt« fühlen.

Genau an diesem Punkt setzt Josef Mohr an. »Im Gleichklang der Kräfte« ist nicht nur eindrucksvolles Plädoyer für die Harmonisierung von Gehirn und Körper, sondern es zeigt auch ganz konkret, wie wir durch einen neuen Ansatz zu mehr Wohlbefinden, größerer Vitalität und emotionaler Ausgeglichenheit finden. Wir lernen, unsere Persönlichkeit zu entwickeln, Blockaden abzubauen und uns Zugang zu den eigenen Talenten zu verschaffen.

Im Zentrum steht ein Bewegungsprogramm, das gezielt versucht, gekappte Leitungen zwischen Körper und Gehirn wieder zu verknüpfen und unsere natürlichen Sinne wieder zu schärfen. Dabei kombiniert Mohrs »SANAKinetik« Erkenntnisse der modernen Gehirnforschung mit fernöstlichen Energielehren, der Bewegungslehre, verschiedenen Sportarten und der Psychomotorik.

Ich selbst und unzählige Teilnehmer haben Josef Mohr bei den »Lebensenergie²«-Seminaren von JÖRG LÖHR Erfolgstraining als Co-Referenten kennen und schätzen gelernt. Dabei authentisch zu sein, fällt ihm nicht schwer. Seine Karriere begann, als er die erschütternde Nachricht erhielt, dass ihn seine Rheumakrankheit zukünftig an den Rollstuhl fesseln wird.

Für Josef Mohr war jedoch diese Nachricht der entscheidende Wendepunkt in seinem Leben. Fortan beschäftigte er sich mit den natürlichen Bedürfnissen seines Körpers und schaffte sich ein völlig neues Energieniveau. Heute läuft er mehrfach im Jahr Marathon und zeigt vielen Menschen neue Wege zu mehr Leistungsfähigkeit auf. Für meine Familie und mich ist er zudem in persönlichen Gesundheitsfragen stets ein wichtiger Ratgeber, da er sich über Jahrzehnte hinweg ein umfangreiches Expertenwissen zum Thema Gesundheit und Leistungsfähigkeit angeeignet hat.

Sein neues Buch habe ich mit großem Interesse gelesen: Denn Josef Mohrs Schlussfolgerungen sind einleuchtend, seine Ideen spannend und sein Programm einfach umzusetzen.

Viel Spaß bei dieser besonderen Lektüre wünscht Ihnen

Ihr
Jörg Löhr

Der Mensch im Mittelpunkt

Die Welt scheint sich immer schneller zu drehen. Und das bereitet uns oftmals Stress. Statt **in unserer Mitte zu ruhen**, versuchen wir zu funktionieren – und glauben, dass wir unser Gehirn von unserem Körper abtrennen können. Gerade bei Krankheiten oder Unwohlsein betrachten viele von uns ihren Körper sogar als Feind, der ihnen das Leben schwer macht. Doch damit übersehen wir das **enge Zusammenspiel von Körper und Gehirn:** Jede Funktion und jede Bewegung unseres Körpers wird von **unserer Schaltzentrale, dem Gehirn**, gesteuert.

Ob es sich um Gesundheit, Krankheit, gute oder schlechte Leistung, geistiges Wohlbefinden oder Stimmungsschwankungen handelt, Körper und Gehirn arbeiten immer als gleichwertige Partner zusammen. Keiner dieser Partner kann ohne den anderen existieren oder ideal funktionieren. Deshalb müssen wir Schritt für Schritt wieder lernen, unseren Körper zu spüren und seine Signale richtig zu deuten. Zu diesem Zweck setzen wir die Muskeln als direktes Körperfeedback ein. Auf der Grundlage des Muskeltests stellen wir eine direkte Verbindung zwischen Körper und Gehirn her; der Mensch in seiner Ganzheit rückt somit wieder in den Mittelpunkt. Wir schaffen also die bestmöglichen Voraussetzungen dafür, dass Körper und Gehirn als Einheit funktionieren und der Mensch wieder im Einklang mit der Natur lebt.

In diesem Prozess der Ganzwerdung schärfen wir auch unsere natürlichen Sinne wieder – für das private Leben ebenso wie für den Beruf. Mit Hilfe des Körperfeedbacks gesundet unser Organismus und regeneriert sich, und wir erhalten unsere volle Leistungsfähigkeit wieder. Schließlich weiß niemand besser über uns Bescheid als unser eigener Körper.

1.1 Der wissende Körper

Mit dem Trainingsprogramm von SANAKinetik haben wir eine einfache und doch sehr effektive Methode entwickelt, die uns wieder in unsere eigene Mitte bringt. Dabei verbinden wir das Wissen der Bewegungslehre mit der Natürlichen Gesundheitslehre und einem speziell entwickelten »Gehirn-Integrationstraining«, bei dem wir gezielt die Verbindung zwischen Körper und Gehirn wiederherstellen. Die Bewegungen des Körpers nutzen wir dabei auf verschiedene Arten:

1. Wir setzen den Körper als aktivierenden Faktor für die geistige

und körperliche Leistungsfähigkeit ein. Unser Trainingsprogramm zur Gehirnintegration unterstützt jeden Einzelnen in seiner persönlichen Entwicklung und hilft, die eigenen Talente zu fördern und neu zu entdecken – egal, wie alt man ist.

2. Wir nutzen den Muskeltest aus der Bewegungslehre, um individuelle Störungen und Blockaden zu finden und anschließend aufzulösen. Das Lösen dieser Blockaden geschieht im Einklang mit dem Wissen aus der Natürlichen Gesundheitslehre. Dadurch schaffen wir die bestmöglichen Voraussetzungen, damit sich jeder Mensch regenerieren und entwickeln kann.

1.2 Auf dem Weg zum Glück

Der Weg zu Gesundheit und Leistungsfähigkeit führt über den Körper. Wer in der Lage ist, die Signale seines Körpers zu erkennen und zu nutzen, kann Körper und Geist mit Leichtigkeit in Einklang bringen und so ein erfolgreiches und glückliches Leben führen. Ganz konkret hat ein gezieltes Bewegungstraining unter anderem folgende positive Auswirkungen:

- Körperliches Wohlbefinden
- Bessere Gesundheit
- Geistige Entspannung
- Erhöhte Aufnahmekapazität
- Gesteigerte Konzentration
- Spaß und Lust, Neues zu lernen
- Emotionale Ausgeglichenheit
- Fähigkeit zur Selbstmotivation
- Entwicklung und Festigung der eigenen Persönlichkeit
- Gesteigertes Selbstbewusstsein
- Zugang zu den eigenen Talenten

Ein Bewegungstraining macht für jeden Sinn – vom Kindergartenkind über den gestressten Außendienstler bis zum Rentner. Ob in der Vorstandsetage, der Schule oder in der Ausbildung, mit Hilfe von Gruppen- oder Einzeltrainings werden bei jedem Menschen systematisch vorhandene Fähigkeiten, die persönliche Entwicklung und das Potenzial zum Lernen gefördert.

Auch im Sport lassen sich durch das Training enorme Erfolge erzielen. Es fördert zum einen die Leistungsfähigkeit, zum anderen eliminiert es hemmende Faktoren. So können wir bei Sportlern vor allem kraftaufwendige Kompensationen in ihren Bewegungsabläufen erkennen und lösen. Das führt bei gleichem Trainingsaufwand zu mehr Erfolg.

Niemand weiß besser über uns und unsere Potentiale Bescheid als **unser eigener Körper.**
Josef Mohr

Ob im Beruf, beim Sport oder im Alltagsleben: Gewinner ist bei der SANAKinetik immer der Mensch. Durch gezielte Bewegungsübungen und direktes Körperfeedback über die Muskelreaktion kann jeder seine persönlichen Blockaden und Störungen auflösen und so seine Ziele besser erreichen. Die folgenden Kapitel zeigen anhand von Praxisbeispielen, wie das konkret geschieht.

1.3 Mit Lust und Laune arbeiten

Unternehmen brauchen gesunde und leistungsfähige Mitarbeiter. Denn diese entscheiden über Erfolg oder Misserfolg und damit über die Zukunft einer Firma. Immer mehr Unternehmen werden sich dessen bewusst und investieren nicht mehr nur in Produktentwicklung und Produktion, sondern verstärkt auch in die Zufriedenheit und Gesundheit ihrer Mitarbeiter.

Wer das Potenzial seiner Mitarbeiter anzapfen will und Motivation, Leistungsbereitschaft, Verantwortungsbewusstsein und Teamgeist von ihnen erwartet, muss wissen, dass Menschen dies nur erbringen können, wenn sie physisch und psychisch dazu in der Lage sind. Hier lohnt es sich für Unternehmen, zu investieren, denn mittelfristig senkt das Kosten. Höhere Zufriedenheit führt zu geringerem Krankenstand und weniger Fluktuation und damit zu niedrigeren Kosten für Personalbeschaffung. Gleichzeitig arbeiten leistungsfähigere Mitarbeiter schneller und effizienter.

> Unternehmen der Zukunft investieren in die **Zufriedenheit und Gesundheit** ihrer Mitarbeiter.
> Josef Mohr

Mit speziellen Firmenprogrammen fördern wir die Leistungsfähigkeit von Mitarbeitern bei ihrer täglichen Arbeit und beseitigen so limitierende Faktoren am Arbeitsplatz.

Die Methoden der SANAKinetik geben Unternehmen somit die Möglichkeit, den Bedürfnissen ihrer Mitarbeiter nachzukommen und dabei gleichzeitig einen direkten Nutzen für das Unternehmen zu erzielen.

Wie das im Einzelfall aussehen kann, zeigt Kapitel 4. Dort zeigen Auswertungen eines durchgeführten Firmenprojekts verblüffende Ergebnisse. Nicht nur das subjektive Empfinden des Einzelnen, sondern nachweisbare Zahlen zu Produktivitätssteigerung, Fehlerhäufigkeit oder Krankenstand belegen deutlich die Wirksamkeit des Gehirn-Integrationstrainings.

Die Frage
ist nicht,
ob Ihre Einstellung
richtig oder falsch ist.

Es geht alleine darum,
ob sie Ihnen **auf dem Weg**
zu Ihren Zielen
hilfreich ist.

Bodo Schäfer

1

2

Optimale Zusammenarbeit von Körper und Gehirn

3

4

5

6

Das **Gehirn verkörpert Denken, Fühlen, Wollen und Erinnern des Menschen.** Damit formt es unser Leben – und unsere Zukunft. Aber wie genau funktioniert es eigentlich? Anatomisch gesehen wissen wir zwar viel über das Gehirn. Jeder hat schon mal etwas vom Reptiliengehirn, vom (alten und neuen) Säugetierhirn und der rechten und linken Gehirnhälfte gehört. Ebenso sind uns die **Konflikte der Denkkategorien** bekannt: Entscheiden nun eher Verstand oder Leidenschaft, Intuition oder Logik, Glaube oder Vernunft? Doch wie ist unser **Gehirn intern organisiert**?

Wir wissen zwar, dass die Verbreitung von Sprache und Schrift uns eine sprunghafte Entwicklung ermöglicht hat. Das lässt Spekulationen darüber zu, dass das Gehirn an sich unbegrenzt lernfähig ist. Für seine Entfaltung müssen wir ihm jedoch eine ideale Umgebung bieten.

Nach neuesten Erkenntnissen der Hirnforschung können wir die Organisation des Gehirns zum Beispiel in hohem Maß durch externe Reize wie Licht, Ton, elektromagnetische Felder, spezielle Bewegung und Ernährung beeinflussen. Wie das geht, zeigt Ihnen dieses Buch. Doch zuvor möchte ich einige grundlegende Erkenntnisse vermitteln, die auch für die später folgenden Übungen wichtig sind. Deswegen geht es jetzt erst einmal um die Zusammenhänge zwischen den Dimensionen unseres Gehirns und denen unseres Körpers. Das daraus resultierende Gehirn-Körper-Modell ermöglicht jedem von uns, die direkte Verbindung zwischen beiden zu erkennen und zu nutzen.

2.1 Geistige Aktivität verlangt Ausgleich

Bewegung war schon immer ein bedeutender Faktor für die Gesundheit. Doch die industrielle und technische Entwicklung hat dazu geführt, dass Bewegung nicht mehr im Mittelpunkt unseres täglichen Tuns steht. Wir sitzen stundenlang vor Computern, verrichten monotone Arbeitsabläufe und wundern uns gleichzeitig, wenn uns ganz natürliche Bewegungsabläufe nicht mehr gelingen.

Besonders bei Kindern führt der Bewegungsmangel zu Problemen. Viele können sich schon in jungen Jahren nicht mehr konzentrieren und haben dadurch große Schwierigkeiten in der Schule. Ihnen fehlen schlicht körperliche Reize und Bewegungsabläufe, die für die geistige Entwicklung notwendig sind.

Auch wir Erwachsenen fühlen uns oft genug schlapp und müde. Der Grund hierfür ist der fehlende Ausgleich zu unserer intensiven Aktivität im geistigen Bereich. Denn eigentlich sollte die Belastung für unseren Körper genauso hoch sein wie die Belastung für unser Gehirn. Nur dann sind wir im Gleichgewicht. Um diesen Ausgleich der Kräfte herzustellen, müssen wir jedoch keinen Marathon laufen. Über gezielte Bewegungen lassen sich die verschiedenen Bereiche des Gehirns so entlasten und integrieren, dass sich dieses Gleichgewicht auf einfache Weise wiederherstellen lässt.

Unser Körper ist unser wichtigstes Gut, das wir niemand anderem als uns selbst anvertrauen dürfen.
Josef Mohr

Das eröffnet ungeahnte Möglichkeiten: Was wäre zum Beispiel, wenn wir die Grenzen unserer psychischen und physischen Leistungsfähigkeit im Sport, in der Schule, im Beruf oder im privaten Bereich überwinden könnten?

Oder wie würde es sich anfühlen, wenn wir von Kindesbeinen an und bis ins hohe Erwachsenenalter leistungsfähig und wissbegierig wären? Wie würden wir leben, wenn wir mit bestimmten Bewegungen unser Gehirn aktivieren könnten?

Und wie wäre es, wenn durch diese Integration ein erhebliches Mehr an körperlichem Wohlbefinden, an Lebensqualität und Leistungsfähigkeit ermöglicht würde?

Das Gehirn-Integrationstraining hilft uns, unsere bislang als fix angesehenen Grenzen zu überwinden. Es fördert damit unsere persönliche Entwicklung in jeder Hinsicht. Richtige Bewegung erweist sich dabei als Schlüssel für psychische und physische Gesundheit.

2.2 Bewegung schafft Veränderung

Immer mehr Menschen erkennen, dass sie etwas für ihr körperliches Wohlbefinden tun müssen. Wir spüren den Drang, unseren durch Stress beladenen Alltag durch Bewegung wieder in Balance zu bringen. Nur wissen wir oft nicht wie.

Das gezielte Bewegungsprogramm kann dabei helfen. Es stellt die verloren gegangene Verbindung zwischen Körper und Gehirn wieder her und schärft die Sinne für das tägliche Leben. Das Bewegungsprogramm fordert über die Körperbewegung auch unsere geistige Flexibilität heraus.

Wie wir wissen, steuert unser Gehirn die Bewegung unseres Körpers. Das Bewegungsprogramm setzt nun im Umkehrschluss den gesamten Körper ein, um das Gehirn zu aktivieren. Je größer dabei die Anforderungen an den Bewegungsapparat sind, desto größer muss die geistige Flexibilität sein. Körper und Gehirn drehen sich im gegenseitigen Wechsel wie in einer Spirale nach oben.

Durch das Training nimmt die physische ebenso wie die psychische Belastbarkeit zu, und unsere Leistungsfähigkeit steigt.

Bisher bekannte Methoden des Gehirntrainings sprechen immer nur einen bestimmten Bereich des Gehirns an. So werden klassischerweise die drei Gehirndimensionen Lateralität, Fokussierung und Zentrierung (mehr zu diesen Begriffen siehe Kapitel 2.3) einzeln und getrennt voneinander trainiert.

Das der SANAKinetik zugrunde liegende Bewegungsprogramm dagegen aktiviert das Gehirn als gesamte Einheit. Alle drei Dimensionen werden in vielfältigen Kombinationen trainiert und dadurch integriert. Als Grundlage für dieses integrierte Training dient das Wissen aus der modernen Gehirnforschung ebenso wie die Erkenntnisse aus der östlichen Energielehre, verschiedenen Sportarten, der Psychomotorik und der Bewegungslehre.

2.3 Wie die drei Gehirndimensionen wirken

Viele Menschen wissen, dass wir eine rechte und eine linke Gehirnhälfte haben, und dass das Gehirn im Bereich des Neokortex aus eben diesen zwei Hälften besteht. Die linke Gehirnhälfte steuert dabei die Bewegung der rechten Körperseite, und die rechte Gehirnhälfte ist für die Bewegung der linken Körperseite zuständig. Diese Gehirndimension ist die so genannte »Lateralität«.

Die zweite Dimension ist die »Fokussierung«. Sie beschreibt die Trennung zwischen dem vorderen und hinteren Gehirnbereich. Auf den Körper bezogen bedeutet dies die Trennung zwischen unserer Körpervorderseite und unserer Körperrückseite. Diese Bewegungsmittellinie lässt sich häufig an der Haltung von Personen erkennen: Es gibt Menschen, die von ihrer seitlichen Bewegungsmittellinie her mehr nach vorne oder aber nach hinten geneigt sind. Diese Neigung nach vorne oder hinten kann sich entsprechend der jeweiligen Situation oder Aufgabenstellung verändern.

> Für das **Können** gibt es nur einen Beweis – **das Tun.**
> Marie von Ebner-Eschenbach

Die dritte Dimension bezeichnet man als »Zentrierung«. Hier geht es um die Trennung zwischen dem oberen und unteren Gehirnbereich. Dies ist vor allem die Trennung zwischen dem Neokortex und dem limbischen System. Auf den Körper bezogen befindet sich die Trennung ungefähr in Höhe der Gürtellinie, die unsere beiden Körperhälften in die oberen und die unteren Extremitäten unterteilt.

Im Zusammenspiel dieser drei Dimensionen sind die drei Grundanweisungen des Gehirns enthalten. Diese steuern direkt unser Verhalten. Die Grundanweisungen werden auch als »cerebrale Verhaltensprofile« bezeichnet. Jeder Gehirndimension ist ein bestimmtes Verhaltensprofil zugeordnet.

Gehirndimension	Cerebrales Verhaltensprofil
Lateralität	Gleichgewicht / Konstanz
Fokussierung	Macht / Expansion
Zentrierung	Impuls / Innovation

Die Verbindungen zwischen den einzelnen Gehirnbereichen haben Einfluss auf die jeweils zugeordnete cerebrale Verhaltensweise. Das hat weit reichende Auswirkungen: Über ein gezieltes Gehirn-Integrationsprogramm ist es uns so zum Beispiel möglich, unser Spektrum an bereits in frühester Kindheit festgelegten Verhaltensweisen zu erweitern. Zwar werden wir anfangs in Stresssituationen immer wieder in unser durch die Grundanweisungen gesteuertes Verhalten verfallen. Doch je besser unser Gehirn integriert ist, desto weniger geraten wir überhaupt in Stress – oder können diesen sogar ganz vermeiden.

Lateralität: Wie die Gehirnhälften zusammenarbeiten

Man unterscheidet heute eigentlich nicht mehr zwischen linker und rechter Gehirnhälfte, sondern zwischen Logikhälfte und Gestalthälfte. Denn es gibt sowohl Menschen, bei denen die Logikhälfte links und die Gestalthälfte rechts ist, als auch Menschen, bei denen die Gestalthälfte links und die Logikhälfte rechts liegt. Aus diesem Grund werden wir im Folgenden nicht von linker und rechter Gehirnhälfte, sondern von Logik- und Gestalthälfte sprechen.

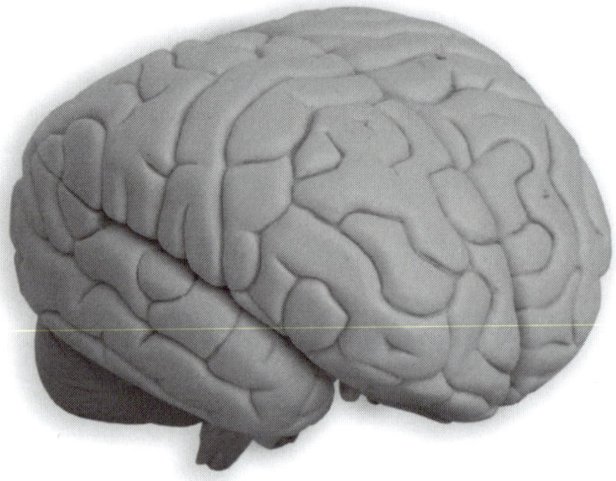

Gehirnmodell gesamt

Die eigentliche Entwicklung der Logik- und Gestalthälfte und die Verbindung der Gehirnhälften findet etwa im Alter zwischen sechs und neun Jahren statt. Es ist aber in der Wissenschaft bekannt, dass bereits im Krabbelalter über gegengleiche Bewegungen von Armen und Beinen die ersten Verbindungen zwischen Logik- und Gestalthälfte geschaffen werden. Daher ist es durchaus möglich, dass Kinder, die nicht krabbeln, gewisse Grundverbindungen zwischen der Logik- und Gestalthälfte nicht angelegt haben. Eine gute bis sehr gute Verbindung der Logik- und Gestalthälfte wird somit nicht automatisch von Anfang an geschaffen. Diese Verbindungen können jedoch auch noch zu einem späteren Zeitpunkt entwickelt werden.

Zwischen Gesamtbild und Detail

Unsere Logikhälfte ist dafür verantwortlich, dass wir Einzelheiten erkennen und aus den erkannten Details ein Gesamtbild erstellen. Die Logikhälfte sammelt also alle Daten, Fakten und Wahrnehmungen und bringt die Dinge auf den Punkt. Die Gestalthälfte dagegen erfasst das Gesamtbild. Deswegen kann sie nur schwer Einzelheiten erkennen und übersieht diese manchmal einfach. Ein Beispiel ist das Lesen eines Textes oder eines Wortes: Unsere Logikhälfte erkennt innerhalb eines Wortes die einzelnen Buchstaben, die Gestalthälfte hingegen erfasst den Sinn und/oder das Bild des Wortes. Ein Schulkind kann so zum Beispiel beim Diktat mit dem aktiven gestalterischen Bereich seines Gehirns Wörter hören, erkennen und auch bildlich wiedergeben, wird es aber nicht merken, wenn einzelne Buchstaben fehlen.

Gehirnmodell Lateralität

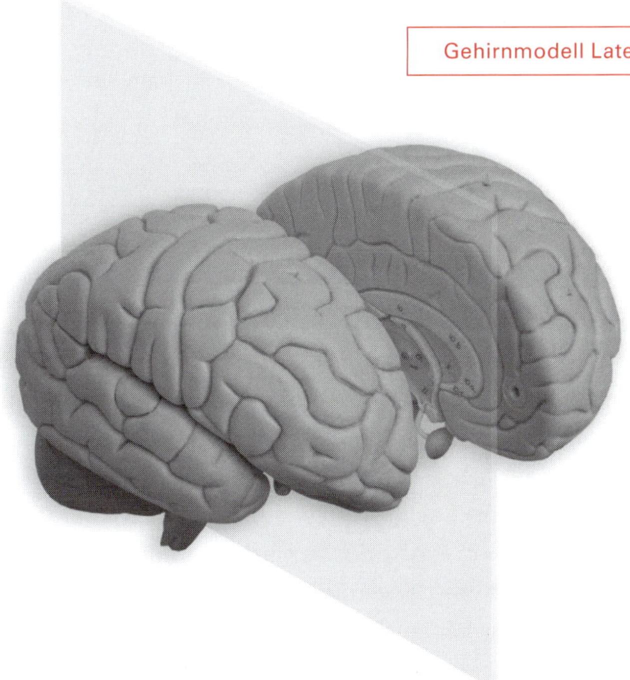

Lesen Sie bitte einmal folgenden Text:

Beim Lesen eiens Textes erknent unesre Gestalthälfte das Bild des Wrotes und unesre Logikhälfte die einzeneln Bchustaben. Ist aslo unesre Gestalthälfte atkiv und unser Gehirn bestizt ein Bild von dem Wrot, knönen wir einen Txet lesen, obwhol die Bchustaben vertuascht snid. Ist die Logikhälfte atkiver, fllät es uns scherwer, den Text zu lesen, obwhol wir ein Bild von den einezlnen Worten haben.

Lesen Sie bitte nun auch diesen Text:

Vnäedrren wir das Bdil des Wretos so, dass kienlerie Ähcinklhtie mreh mit dem ulrpsnrügciehn Wort btseteh, und sind in dem Text Wretör elnathetn, die wir selten gesehen haben, diruzreet sich die Wehrcshianlitcekih, den Text in seiner Giemstahet noch zu enerkenn. Die Gätsealthelft hat kein Blid mehr, und die Lefltohigäk kann die Euhicnzelbetsabn nicht zu einem Gildebsamt zenusamenmgüf.

Oder vereinfacht:

Verändern wir das Bild des Wortes so, dass keinerlei Ähnlichkeit mehr mit dem ursprünglichen Wort besteht und in dem Text Wörter enthalten sind, die wir selten gesehen haben, reduziert sich die Wahrscheinlichkeit, den Text in seiner Gesamtheit zu erkennen. Die Gestalthälfte hat kein Bild mehr, und die Logikhälfte kann die Einzelbuchstaben nicht zu einem Gesamtbild zusammenfügen.

Spätestens beim Lesen des zweiten Textes erkennen wir, ob unser Gehirn stärker logikorientiert arbeitet oder eher gestaltorientiert. Menschen, bei denen die Gestalthälfte deutlich dominiert, haben auch beim Lesen des zweiten Textes keine erheblichen Probleme. Fällt Ihnen das Lesen des zweiten Textes schwerer, so ist dies ein Hinweis, dass die Logikhälfte dominiert.

Verbindungen ermöglichen Erfolg

Die Verbindung zwischen der Logik- und Gestalthälfte ist eine der wichtigsten Vorraussetzungen für unseren beruflichen, schulischen oder auch sportlichen Erfolg. Wenn wir die Verbindung zwischen der rechten und linken Gehirnhälfte nicht herstellen können, führt dies sowohl zu Konzentrationsproblemen als auch zu Koordinationsproblemen in der Bewegung. Leider lässt unsere Fähigkeit, die Gestalt- und die Logikhälfte miteinander zu verbinden, immer mehr nach. Viele Menschen sind heute nicht mehr in der Lage, auf Kommando die linke Körperseite mit der rechten Körperseite in Form unterschiedlicher Bewegungsabläufe zu kreuzen. Jegliches Überkreuzen der Bewegungsmittellinie führt zu einer Verzögerung im Bewegungsablauf. Das weist darauf hin, dass auch die Verbindung der zwei Gehirnhälften nicht ohne Verzögerung vonstatten geht.

Die Zahl der Nervenverbindungen zwischen der Logik- und Gestalthälfte ist entscheidend für unsere geistige und körperliche Flexibilität. Denn der ständige Datenaustausch zwischen den Gehirnhälften erfordert eine entsprechende Anzahl an Verbindungen. Wir können diese Daten-Autobahn durchaus mit einer normalen Autobahn vergleichen, auf der entsprechende Informationen in Form von Autos fahren. Fahren auf einer Autobahn, zum Beispiel zwischen Stuttgart und Hamburg, innerhalb eines Tages eine Million Autos, so fließt der Verkehr entsprechend langsam, oder es entsteht sogar ein Stau. Bauen wir jetzt eine zweite, genauso große Autobahn, fahren pro Autobahn nur noch 500 000 Autos. Dies führt zu einer deutlichen Beschleunigung des Verkehrs. Bei hundert Autobahnen fließt der Verkehr ganz ohne Stau, und jeder kommt in der gewünschten Geschwindigkeit ans Ziel.

Bevor etwas
in der Welt geschieht,
muss es zuerst
in unserem Kopf
geschehen.
Anthony Robbins

Genauso sieht es in unserem Gehirn aus. Erfolgt der gesamte Datenaustausch über eine einzige Verbindung, staut sich der

Ordnung
ist die Verbindung
des Vielen nach
einer Regel.
Imanuel Kant

Verkehr. Verfügen wir aber über Hunderte oder gar Tausende von Verbindungen, so haben wir einen schnelleren Informationsfluss und können mehr Informationen austauschen und transportieren. Dies war eines der Geheimnisse des Gehirns von Albert Einstein. Er verfügte im so genannten Corpus Calosum, der Verbindungsbrücke zwischen linker und rechter Gehirnhälfte, über deutlich mehr Nervenverbindungen als ein gewöhnlicher Mensch. Doch die Nervenverbindungen lassen sich mit einem gezielten Training bei jedem von uns problemlos ausbauen. Dadurch verbessert sich nicht nur die Koordination unseres Bewegungsapparates; mehr Verbindungen steigern auch unsere geistige Leistungsfähigkeit und somit die Intelligenz.

Cerebrales Verhaltensprofil Gleichgewicht / Konstanz

Das Cerebrale Verhaltensprofil Gleichgewicht/Konstanz ist diesen beiden Gehirnhälften zugeordnet. Beide Hälften müssen im Gleichgewicht zusammenarbeiten, um eine konstant gute bis sehr gute Gehirnleistung zu erreichen. Innerhalb des gesamten Verhaltensprofils ist »Gleichgewicht/Konstanz« die stärkste cerebrale Anweisung, die häufig jegliche Entwicklung und Veränderung innerhalb unseres Verhaltens behindert oder sogar unmöglich macht. Eine Veränderung innerhalb dieses Verhaltensprofils ist nur mit kleinen Schritten und entsprechender Geduld möglich. Menschen, die ein sehr starkes Gleichgewicht-/Konstanz-Verhalten aufzeigen, können keine plötzlichen großen Veränderungen vornehmen. Zwingen wir solche Menschen zu plötzlichen großen Veränderungen, werden wir auf massiven

Widerstand und Gegenwehr stoßen. Im Privaten erkennen wir diese Menschen daran, dass sie sich nur in bekannter Umgebung wohl fühlen und jeder Tag nahezu identisch abläuft. Sie sind immer zur gleichen Zeit am Arbeitsplatz und pflegen ihre Rituale. Pausen dürfen sich nicht verschieben. Jeder Familiengeburtstag läuft gleich ab. Auch das Urlaubsziel ist jedes Jahr das gleiche, und Ausflüge werden vorab peinlich genau geplant.

Beruflich sind solche Menschen am besten an Arbeitsplätzen aufgehoben, an denen jeden Tag die gleiche Arbeit anfällt. Haben sie sich einmal eingearbeitet, wechseln sie den Arbeitsplatz möglichst nicht mehr und sind stolz auf ihre langjährige Betriebszugehörigkeit. Einen solchen Mitarbeiter umzusetzen, kann für ihn eine beinahe unlösbare Herausforderung darstellen und zu einer deutlichen Leistungsminderung oder gar Krankheit führen.

Um dieses Verhaltensprofil zu entspannen und zu entzerren, können wir gezielt die Entwicklung der Nervenbahnen zwischen der Logik- und Gestalthälfte fördern. So bekommen auch Menschen mit dieser Verhaltensanweisung die Möglichkeit, sich zu entwickeln und in größeren Schritten Veränderungen in ihrem Leben vorzunehmen.

Fokussierung: Wie Vorder- und Hinterhirn kooperieren

Die zweite Gehirndimension ist die Fokussierung, die Trennung zwischen unserem vorderen und hinteren Gehirnbereich. Sind die Verbindungen zwischen diesen beiden Gehirnbereichen nicht in ausreichendem Maß vorhanden, so haben wir Schwierigkeiten, uns mühelos auszudrücken und aktiv zu arbeiten. Im vorderen Bereich unseres Gehirns befinden sich viele Zentren, die mit aktivem Denken, mit Ausdruck und Voraussicht zu tun haben. In diesem Bereich fällen wir Entscheidungen. Wir treffen dort die Wahl, was und wie wir etwas tun. Im hinteren Bereich des Gehirns hingegen befinden sich vor allem unsere Grobdaten und unsere Wahrnehmungszentren wie zum Beispiel das

Hörzentrum und die visuelle Wahrnehmung. Hier bekommen wir einen Eindruck von der jeweiligen Lage und handeln aufgrund unserer Wahrnehmung oft intuitiv. Dies bedeutet, dass wir in unserem vorderen Gehirnbereich eher bewusst aktiv und mit Voraussicht Entscheidungen treffen und handeln. Im hinteren Gehirnbereich dagegen reagieren wir eher intuitiv über die Wahrnehmung und den Gesamteindruck, den wir gewinnen.

Gehirnmodell Fokussierung

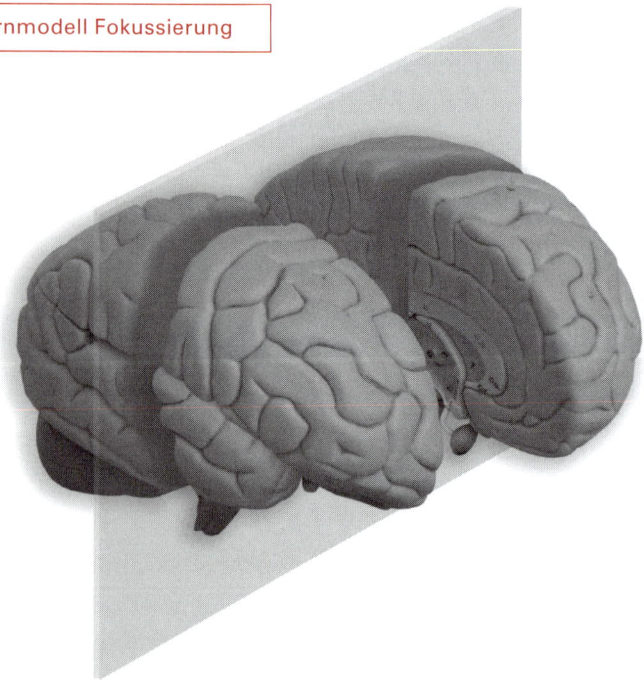

Beide Verhaltensweisen, sowohl das aktive Treffen von Entscheidungen und Handeln als auch die intuitive Reaktion, müssen von unserem Gehirn in der entsprechenden Situation richtig gesteuert werden. Wir müssen sowohl aktiv handeln als auch intuitiv reagieren können – und dies immer in der richtigen Weise, das heißt der entsprechenden Situation angepasst.

Nehmen wir zum Beispiel einen Vortrag oder eine Rede vor einer Menschengruppe. In dieser Situation müssen wir aktiv denken. Wir wollen unser Wissen an die Zuhörer weitergeben und müssen dazu die Daten, die wir vermitteln wollen, innerhalb unseres Gehirns abrufen. In dem Moment, in dem wir reden, bringen wir also etwas zum Ausdruck, was wir Sekundenbruchteile vorher in einem anderen Bereich des Gehirns abgerufen haben. Was passiert nun, wenn wir durch fehlende Nervenverbindungen oder durch Stress während der Rede nicht mehr in der Lage sind, das im Gehirn vorhandene Wissen abzurufen?

Das Gehirn ist ein Organ, das im Augenblick der Geburt zu arbeiten beginnt und erst damit aufhört, wenn man aufsteht, um eine Rede zu halten.

Jeder von uns kennt die Situation, in der man vor einer Gruppe steht und etwas vortragen möchte – und plötzlich fehlen einem die Worte. Eine solche Blackout-Situation entsteht dadurch, dass wir aus unserem aktiven Denken im vorderen Gehirnbereich nicht mehr auf unsere Grobdaten im hinteren Gehirnbereich zugreifen können. Wir können dann nur noch intuitiv handeln; unser bewusstes Denken ist nicht mehr in der Lage, uns wesentliche Informationen zu liefern. In dieser Situation spüren wir am gesamten Körper, was es bedeutet, wenn eine Verbindung zwischen zwei Gehirndimensionen nicht mehr richtig funktioniert.

Eine andere Situation ist eine Diskussionsrunde, für die wir uns vorab mit Argumenten gerüstet haben. Plötzlich werden wir dort mit einem Gegenargument konfrontiert, mit dem wir nicht gerechnet haben. Wir geraten in eine Stresssituation. Unser Gehirn ist absolut leer. In einer solchen Situation fehlen uns plötzlich alle Argumente, die wir doch so fein säuberlich vorbereitet hatten. Neue fallen uns schon gar nicht ein. Im Anschluss an das Gespräch, wenn wir aus der Situation »draußen« sind und wieder klar – und somit stressfrei – denken können, fallen uns plötzlich alle unsere Argumente wieder ein, ja wir haben sogar noch ganz neue parat.

Intuitives Handeln rettet vor Gefahren

Wann benötigen wir aber das intuitive Handeln? Intuitiv handeln müssen wir dann, wenn uns Gefahr droht. Stellen Sie sich vor, Sie fahren mit 160 km/h auf der Autobahn. Es regnet, die Straße ist nass, es herrscht leichter Nebel, es ist Nacht, Sie haben schlechte Sicht, und vor sich sehen Sie in einer Entfernung von etwa 300 Metern einen Lastwagen, hinter dem ein Auto fährt. Sie fahren auf der linken Spur und nähern sich den beiden Fahrzeugen. Plötzlich schert das Auto hinter dem Lastwagen aus. Was tun Sie jetzt? Überlegen ..., linkes Bein ..., Bremse ..., das rechte Bein ..., die Kupplung? Nein, in dieser Situation handeln Sie nur noch intuitiv. Sie nehmen die Lage wahr und handeln intuitiv richtig.

Die Macht der Intuition: Das, was ich weiß, von dem ich aber nicht weiß, dass ich es weiß, beeinflusst mich mehr, als ich weiß.

In einer solchen Situation wäre es fatal, wenn wir jetzt erst aktiv denken müssten, da wir ansonsten sehr viel (wertvolle) Zeit verlieren würden. Mit intuitivem Handeln können wir eine Gefahrensituation innerhalb von Sekundenbruchteilen problemlos überblicken und automatisch lösen.

Je nach Situation müssen wir also sowohl aktiv denken als auch intuitiv handeln können. Wie häufig wir nun in einer Situation falsch reagieren, das heißt, dann, wenn wir spontan reagieren müssen, aktiv denken, oder dann, wenn wir aktiv denken müssen, intuitiv handeln – dies entscheidet die Verbindung zwischen dem vorderen und dem hinteren Gehirnbereich. Auch hier ist es notwendig, dass sehr viele Verbindungslinien vorhanden sind. Je mehr Verbindungen existieren, umso später und seltener geraten wir in so genannte Blackout-Situationen und handeln, wenn nötig, schneller intuitiv richtig.

Cerebrales Verhaltensprofil Macht / Expansion

Das Verhaltensprofil Macht/Expansion wird den vorderen und hinteren Gehirnbereichen zugeordnet. Für uns Menschen ist es der wesentliche Antrieb für Veränderungen. Eine starke Ausprägung dieses Verhaltensprofils führt dazu, dass wir im Leben erfolgreich vorankommen, sofern das Gleichgewicht zwischen bewusstem Denken und intuitivem Handeln stimmt.

Sind wir in jeder Situation unseres Lebens Herr der Lage (wenn aktiv gedacht werden muss, tun wir das – und wenn intuitiv gehandelt werden muss, handeln wir intuitiv), können wir auch andere Menschen leiten und führen. Menschen mit einem starken Macht-/Expansions-Profil erkennt man an ihrer überdurchschnittlichen Gelassenheit. Sie bestechen durch Souveränität in jeder Situation.

Je stärker diese Anweisung ausgeprägt ist, umso mehr führen wir als Vorbild und benötigen keinerlei Druck oder Sanktionen. Natürlich haben wir dadurch auch die Möglichkeit, eine gewisse Macht auf andere Menschen auszuüben und andere bei ihren Veränderungsprozessen anzuleiten.

In dieser Anweisung verbirgt sich zudem die Fähigkeit, mit Konkurrenz umzugehen und sich Herausforderungen zu stellen. Ideen umsetzen, die eigene Meinung behaupten und uns Risiken und Gefahren stellen, können wir nur dann, wenn wir eine Stabilität in dieser Anweisung haben. Sie ist die treibende Kraft für Kampf und Auseinandersetzung, was immer wieder auch zu Machtkämpfen und Kriegen führt.

Aber auch hier gilt: Je stärker diese Anweisung ausgeprägt ist, desto besser ist unsere Streitkultur.

Wenn die Verbindung zwischen vorderem und hinterem Gehirnbereich nicht in ausreichendem Maße vorhanden ist, können wir nicht vorbildlich und souverän führen. Uns fehlt die Gelassenheit, und wir geraten häufig in unnötige Streitsituationen oder Auseinandersetzungen, die wir unter Ausübung von Macht beenden. Bei einer Störung des Macht-/Expansions-Profils sind wir nicht in der Lage, Führung für andere, aber auch für uns selbst zu übernehmen. Bei Balance in diesem Bereich können wir uns dagegen entsprechend weiterentwickeln und erfolgreich vorankommen.

Zentrierung: Wie sich die oberen und unteren Gehirnbereiche ergänzen

Die dritte Gehirndimension betrifft die Zentrierung. Damit ist die Trennung zwischen den oberen und unteren Gehirnbereichen, das bedeutet unserem Wissensspeicher und unseren Gefühlen, gemeint. Während sich in der Großhirnrinde das abstrakte Denken befindet, sitzen in unserem limbischen System

Gehirnmodell Zentrierung

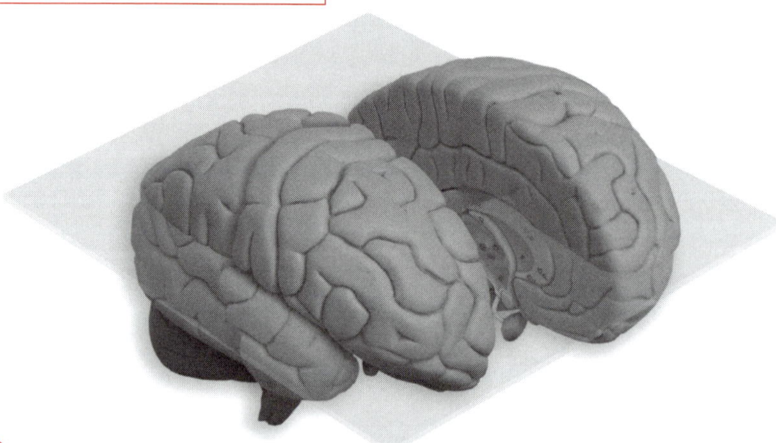

die Emotionen. Alle unsere Urreflexe wie Schluckreflex, Saugreflex, Lidschlussreflex, Hungerreflex sowie unsere kompletten emotionalen Steuerungen und emotionalen Verbindungen zu Erlebnissen befinden sich im unteren Bereich unseres Gehirns.

Wenn wir eine bestimmte Situation erleben, speichern wir das Bild, die Geräusche und die Situation wertungsfrei und »emotionslos« im oberen Bereich des Gehirns ab. Die entsprechende Emotion zu dieser Situation speichern wir dagegen im unteren Bereich des Gehirns.

Erst durch die Verbindung beider Bereiche erfassen wir gleichzeitig die Bedeutung einer Situation und das dazugehörige Gefühl. Alle emotionalen Handlungen werden also zwischen dem abstrakten Denken und dem limbischen System gesteuert. Dieser untere Teil unseres Gehirns entscheidet auch, ob eine Information in unserem Wissensspeicher – dem Neokortex – bewusst abgespeichert wird, so dass wir sie jederzeit wieder abrufen können.

Unsere Emotionen sind unsere größten Verbündeten oder unsere größten Feinde.

Informationen, die nicht im bewussten Bereich gespeichert sind, können wir dagegen nicht mehr abrufen, obwohl sie eigentlich vorhanden sind. Je besser die Integration zwischen dem unteren und oberen Gehirnbereich ist, umso mehr Informationen werden uns bewusst und sind somit abrufbar gespeichert.

Zwischen Wissen und Emotionen

Befinden wir uns zum Beispiel in einer Situation, in der wir aufgrund von Ängsten oder anderen emotionalen Steuerungen aus unserer Sicht falsch reagiert haben, wird die Situation per se im oberen Bereich und das Gefühl im unteren Bereich des Gehirns abgespeichert. Die Entscheidung, ob die Information für uns bewusst und damit abrufbar gespeichert wird, trifft ausschließlich der untere Gehirnbereich. Kommen wir nun wieder in dieselbe Situation und erkennen sie über unseren Wahrnehmungs- und Informationsspeicher im oberen Bereich wieder, können wir »richtig« reagieren, wenn die Situation als bewusste Information abgespeichert ist. Sofern die Information beim ersten Erleben jedoch nicht in unser Bewusstsein gelangt ist, wird unser Verhalten wieder aus dem unteren Bereich des Gehirns emotional gesteuert. Das hat zur Folge, dass wir in derselben Situation genau so falsch reagieren wie schon einmal.

> Wenn ein Mensch unter der Wirkung seiner Gefühle steht, kommt sein **wirkliches Selbst** zum Vorschein.
> Dale Carnegie

Durch Gefühle gesteuertes Fehlverhalten, so genannte emotionale Blackouts, werden aufgrund der Verbindungen zwischen abstraktem Denken und limbischem System gesteuert. Auch hier ist es so: Je besser die Verbindung zwischen dem oberen und unteren Gehirnbereich ist, desto besser können wir mit solchen emotionalen Blackouts, mit Ängsten oder aggressiven Handlungen umgehen.

Bei ausgeprägten Verbindungen nehmen sowohl unsere Ängste als auch unsere Aggressivität ab. Unsere emotionalen Handlungen werden ausgeglichener, und wir können das Leben mit mehr Ruhe angehen.

Cerebrales Verhaltensprofil Impuls / Innovation

Dieses Verhaltensprofil wird dem unteren und oberen Gehirnbereich zugeordnet. Im unteren Gehirnbereich befinden sich unsere Urreflexe. Ohne sie wären wir nicht lebensfähig, denn ohne Impulse herrscht Stillstand. Die im unteren Gehirnbereich vorhandenen Impulse sollen dazu führen, dass unser Wissen im oberen Gehirnbereich innovativ eingesetzt werden kann.

Wenn wir keine Impulse geben, kann kein Wachstum stattfinden. Kreativität und Ideenreichtum beruhen auf Impulsen, Entwicklung und Fortschritt werden gefördert.

Entscheidend ist aber auch, welche Impulse von unserem unteren Gehirnbereich weitergeleitet werden. Impulse der Angst, des Zögerns oder der Aggressivität behindern unsere positive Entwicklung. Aus diesem Grund bedarf dieser Bereich einer sehr sensiblen Arbeit. Im Training sollten nicht nur die Impulsverbindungen zwischen oberem und unterem Gehirnbereich trainiert werden, sondern vor allem die positiven Impulse gestärkt werden, damit wir zu einer positiven und aktiven Grundeinstellung kommen.

Auf dieser Basis können wir in Verbindung mit Macht/Expansion die Impulse umsetzen und erfolgreich sein. In Verbindung mit der Dimension Gleichgewicht/Konstanz können wir diese Entwicklung in einer konstanten Weise voran bringen und sind somit dauerhaft leistungsfähig.

Gleichgewicht im Körper verändert unser Verhalten

Wenn wir die Verhaltensprofile unseres cerebralen Systems auf unseren Körper übertragen, dann bedeutet dies, dass unsere linke und rechte Körperseite im Gleichgewicht sein und konstant miteinander arbeiten müssen.

Wir sollten im Idealfall links wie rechts die gleichen Fähigkeiten besitzen, um ein ideales Gleichgewicht zwischen beiden Körperhälften herzustellen. In Bezug auf unsere Macht- und Expansionsanweisung sollten wir sowohl in der Lage sein, unsere Bewegungsmittellinie aktiv nach vorne zu überschreiten als auch uns nach hinten zu lehnen, um uns in Ruhe Gedanken zu machen und unser schöpferisches Potenzial wirken zu lassen.

Im unteren Bereich unseres Körpers, von der Gürtellinie abwärts, befinden sich unsere Impulse. In vielen Bewegungsabläufen dominiert jedoch unser Oberkörper. Die Hände machen gezielte Bewegungen und führen bestimmte Handlungen aus. Die Beine sind häufig nur Beiwerk.

Tatsächlich kommen aber aus dem unteren Bereich des Körpers die Impulse und damit die Voraussetzung, aktive Handlungen überhaupt durchzuführen.

Nehmen wir zum Beispiel einen Boxer: Das bewusste Handeln sind die Schläge, die er mit den Händen ausführt. Ohne entsprechende Beinarbeit ist es ihm aber nicht möglich, seine Schläge gezielt zu setzen und seinem Gegner auszuweichen. Ein anderes Beispiel ist der Tennisspieler. Für ihn ist die Beinarbeit für einen richtigen Schlag viel wichtiger als das eigentliche Ausführen des Schlages.

Wir messen unseren oberen Extremitäten oft mehr Bedeutung zu als den unteren, obwohl ein gezieltes Handeln ohne diese gar nicht möglich ist. Denn entscheidend für unseren Erfolg und unsere Entwicklung sind die Impulse, die von unserem unteren Gehirnbereich ausgehen, und deren Intelligenz, die in unseren Beinen steckt.

Sie merken schon: Nur eine körperliche und geistige Flexibilität in allen Bereichen ermöglicht uns eine kontinuierliche Entwicklung, die auch noch Spaß macht. Dinge, die vorher nur schwer machbar waren oder gar nicht möglich erschienen, funktionieren dann plötzlich wie von selbst.

Fast jeder Gehirnbereich lässt sich durch Körperübungen trainieren und gezielt fördern. Ein paar dieser Übungen stellen wir in den nachfolgenden Kapiteln vor.

2.4 Das SANAKinetik-Gehirn-Körper-Modell

Wie wir gesehen haben, setzt sich das Gehirn aus den drei Dimensionen Lateralität (Gestalthälfte und Logikhälfte), Fokussierung (vorderer und hinterer Bereich) und Zentrierung (oberer und unterer Bereich) zusammen.

Wenn wir uns unser Gehirn als Ganzes vorstellen und eine senkrechte Trennlinie durch das Corpus callosum ziehen, erhalten wir eine linke und eine rechte Gehirnhälfte (bzw. zwei Gehirnteile).

Lateralität

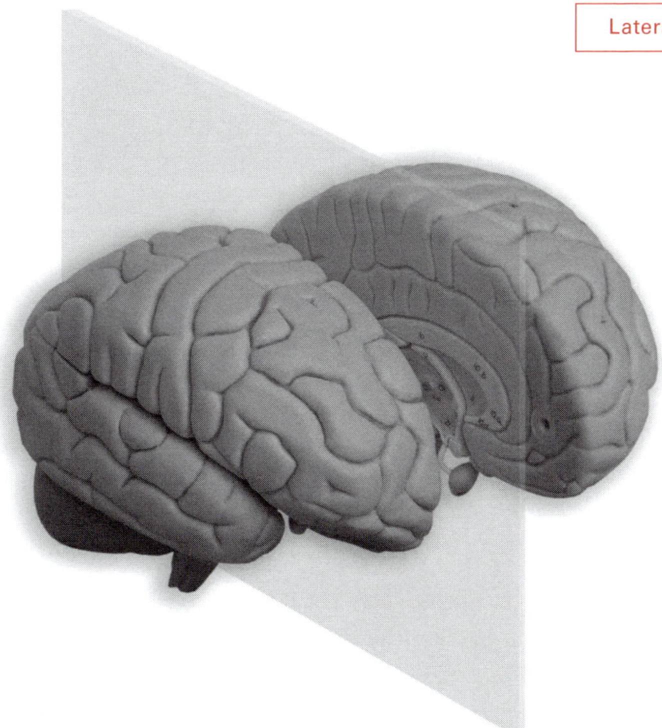

Wir ziehen jetzt eine zweite senkrechte Trennlinie in der Mitte des vorderen und hinteren Gehirnbereichs. Diese Trennlinie ist unsere Bewegungsmittellinie für die Fokussierung. Wir unterteilen somit das Gehirn in vier Teile: in den linken vorderen und den rechten vorderen Teil sowie in den linken hinteren und den rechten hinteren Teil.

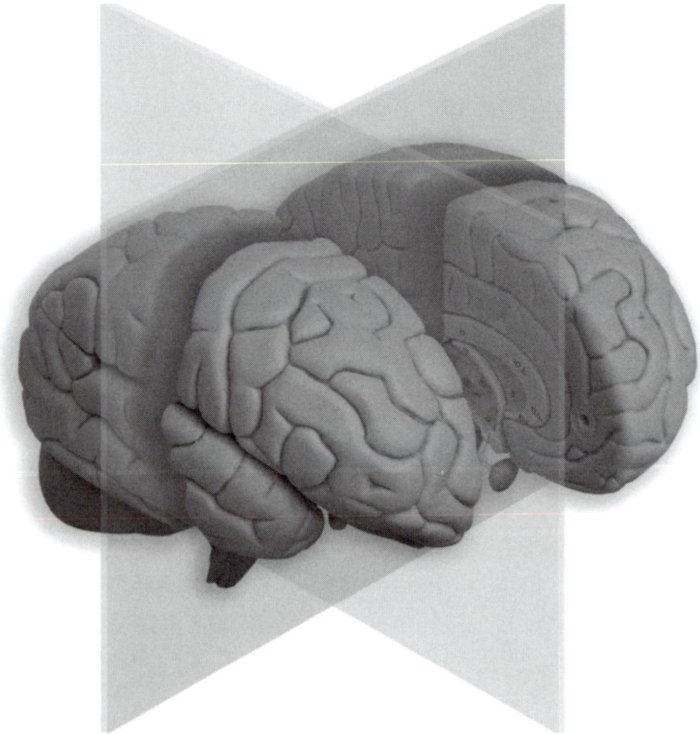

Lateralität – Fokussierung

Um den oberen Gehirnbereich vom unteren zu trennen, ziehen wir eine dritte zentrale Trennlinie von vorne horizontal, leicht schräg nach hinten. Diese Linie trennt den Bereich der Zentrierung in den oberen und unteren Gehirnbereich. Jetzt haben wir acht Gehirnteile.

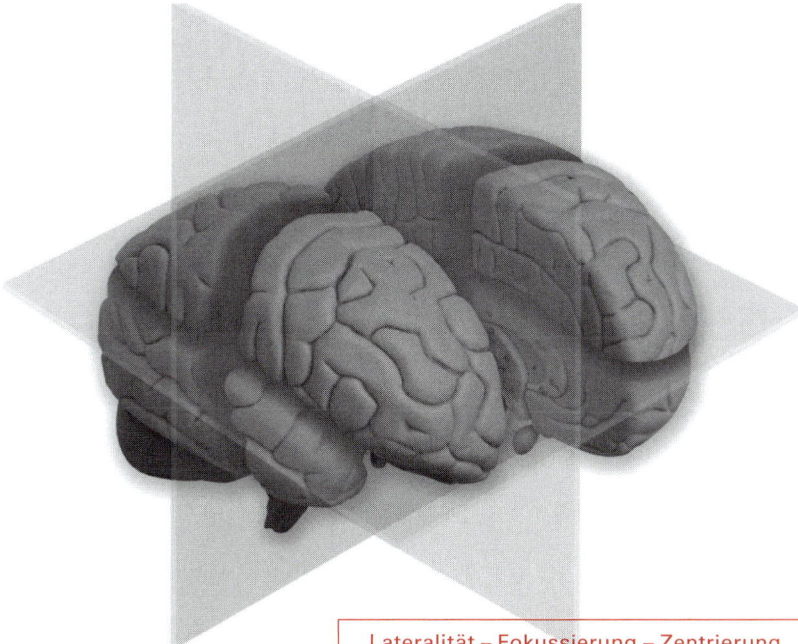

Lateralität – Fokussierung – Zentrierung

Die acht Gehirnteile

G1	Rechts Oben Vorne	ROV
G2	Links Oben Vorne	LOV
G3	Rechts Unten Vorne	RUV
G4	Links Unten Vorne	LUV
G5	Rechts Oben Hinten	ROH
G6	Links Oben Hinten	LOH
G7	Rechts Unten Hinten	RUH
G8	Links Unten Hinten	LUH

Diese Gehirneinteilung ist die Grundlage für das SANAKinetik-Gehirn-Körper-Modell. Die Einteilung steht in keiner Verbindung mit den anatomischen Teilen des Gehirns. Das Modell dient ausschließlich dazu, die Teile des Gehirns so darzustellen, dass ihre Verbindungen zu bestimmten Körperteilen eindeutig erkennbar sind. Im Umkehrschluss lässt sich erkennen, über welche Körperteile wir bestimmte Teile des Gehirns gezielt aktivieren können. Die Konsequenzen aus der Anwendung des Modells sind enorm und eröffnen uns das Erschließen ungeahnter Leistungspotenziale.

Die acht Körperteile

Wenn wir uns jetzt unseren Körper vorstellen und eine senkrechte Trennlinie durch unsere Körpermitte ziehen, erhalten wir eine linke und eine rechte Körperseite.

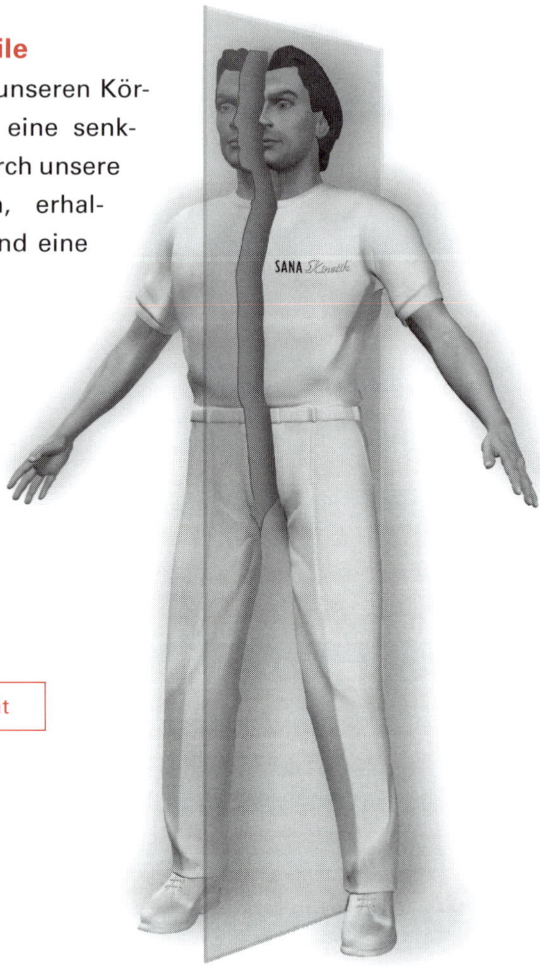

Körpermodell Lateralität

Im nächsten Schritt betrachten wir unseren Körper von der Seite und ziehen eine zweite senkrechte Trennlinie zwischen vorderem und hinterem Körperteil. Diese Trennlinie ist unsere Bewegungsmittellinie. Wir erhalten somit vier Körperbereiche: linker vorderer Teil, rechter vorderer Teil, linker hinterer Teil, rechter hinterer Teil.

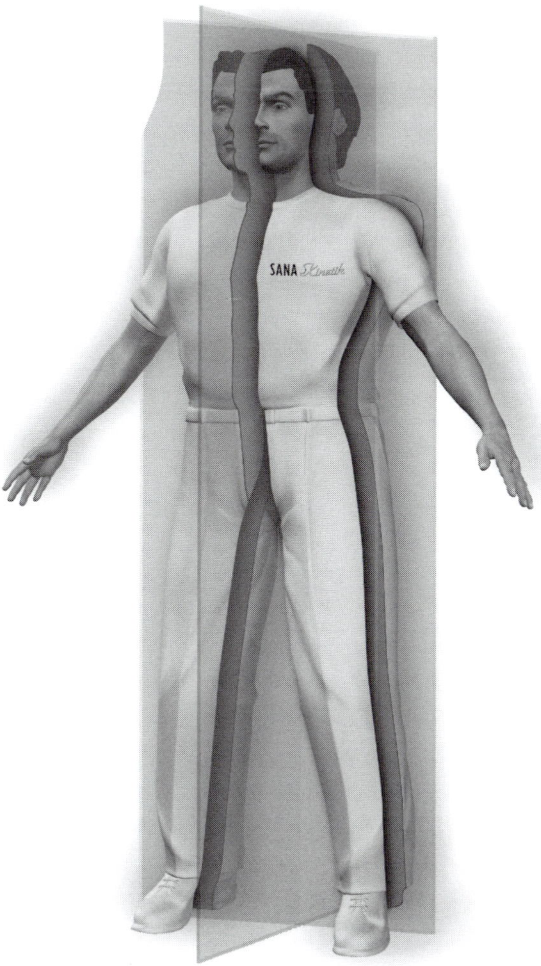

Für die Trennung des oberen Körperbereichs vom unteren ziehen wir eine dritte Trennlinie oberhalb der Hüftknochen. Wir erhalten jetzt analog zum Gehirnmodell die acht Teile unseres Körpers.

Körpermodell Lateralität – Fokussierung – Zentrierung

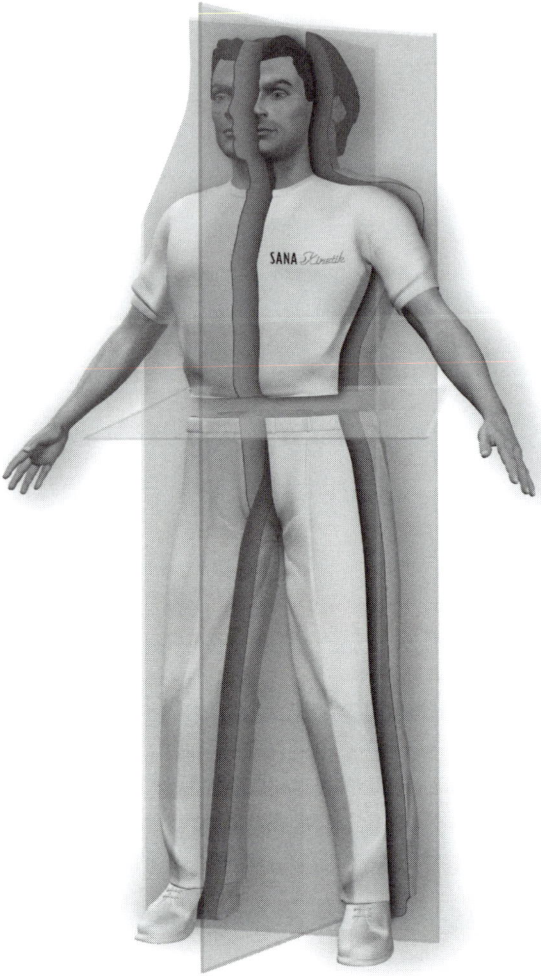

Die acht Körperteile		
K1	Rechts Oben Vorne	ROV
K2	Links Oben Vorne	LOV
K3	Rechts Unten Vorne	RUV
K4	Links Unten Vorne	LUV
K5	Rechts Oben Hinten	ROH
K6	Links Oben Hinten	LOH
K7	Rechts Unten Hinten	RUH
K8	Links Unten Hinten	LUH

Stellen wir die acht Bereiche des Gehirns den acht Körperbereichen gegenüber, erkennen wir die Zusammenhänge des Gehirn-Körper-Modells.

Gehirnbereiche		Körperteile	
G1	ROV	K2	LOV
G2	LOV	K1	ROV
G3	RUV	K4	LUV
G4	LUV	K3	RUV
G5	ROH	K6	LOH
G6	LOH	K5	ROH
G7	RUH	K8	LUH
G8	LUH	K7	RUH

Hierbei müssen wir beachten, dass die linke Gehirnhälfte die rechte Körperseite und die rechte Gehirnhälfte die linke Körperseite steuert. Dieser Überkreuzfluss existiert aber nur in der Dimension links-rechts. Eine Überkreuzung der Informationen von vorne-hinten und oben-unten findet nicht statt.

In der Lokalisationstheorie der Gehirnforschung gibt es eindeutige Erkenntnisse darüber, in welchen Bereichen des Gehirns sich die einzelnen Funktionen befinden. Diese Einteilung bis ins Detail bietet die Möglichkeit, sämtliche Funktionen den acht Teilen des Gehirn-Körper-Modells zuzuordnen. So können wir bestimmte Gehirnfunktionen über die Bewegung konkret beeinflussen.

Das Gehirn des zivilisierten Menschen ist ein Museum einander widersprechender Wahrheiten.
Remy de Gourmont

Die Tabelle auf der rechten Seite gibt einen Einblick in die Lokalisation von Gehirnfunktionen und die Verbindung zu den Körperteilen. Hierbei handelt es sich jedoch nur um eine Grobeinteilung. Jeder Mensch ist ein Individuum mit eigenen Vernetzungen und Detailinformationen. Für ein gezieltes Training auf die Lösung eines bestimmten Problems hin bedarf es eines genauen Tests. Der in Kapitel 5 beschriebene Muskeltest ist die Grundlage hierfür.

Allein mit dieser Grobeinteilung erhalten wir bereits einen Überblick, wie wir mit einzelnen Bewegungen verschiedene Funktionen unseres Gehirns aktivieren können. Ist uns bekannt, welche Funktion uns Schwierigkeiten macht, so können wir die entsprechende Bewegung durchführen, um diesen Bereich des Gehirns zu integrieren. Zusätzlich zu den Beschreibungen

Gehirnbereiche	Körperteile
G1 Rumpf-/Kopfdrehungen links, Aufmerksamkeits-/Denkantrieb, Sprechantrieb, Augenwendungen links	**K2** Bewegung mit dem linken Arm, der linken Hand vor dem Körper
G2 Rumpf-/Kopfdrehungen rechts, Aufmerksamkeits-/Denkantrieb, Sprechantrieb, Augenwendungen rechts	**K1** Bewegung mit dem rechten Arm, der rechten Hand vor dem Körper
G3 Motorische Handlungsfolgen links, Gesinnungen, gesinnungsmäßige Handlungen, Sätze sprechen, spontan sprechen, Wortbildung	**K4** Bewegung mit dem linken Bein, dem linken Fuß vor dem Körper
G4 Motorische Handlungsfolgen rechts, Gesinnungen, gesinnungsmäßige Handlungen, Sätze sprechen, spontan sprechen, Wortbildung	**K3** Bewegung mit dem rechten Bein, dem rechten Fuß vor dem Körper
G5 Einzelbewegungen links, Handlungsfolgen links, rechnen, Zahlen erkennen, lesen, links schreiben, Blickbewegungen nach unten, linkes Auge	**K6** Bewegung mit dem linken Arm, der linken Hand hinter dem Körper
G6 Einzelbewegungen rechts, Handlungsfolgen rechts, rechnen, Zahlen erkennen, lesen, rechts schreiben, Blickbewegungen nach unten, rechtes Auge	**K5** Bewegung mit dem rechten Arm, der rechten Hand hinter dem Körper
G7 Namensverständnis, Worterkennung, Bewegung erkennen, optische Aufmerksamkeit, Farben erkennen, Blickbewegung nach oben, linkes Auge	**K8** Bewegung mit dem linken Bein, dem linken Fuß hinter dem Körper
G8 Namensverständnis, Worterkennung, Bewegung erkennen, optische Aufmerksamkeit, Farben erkennen, Blickbewegung nach oben, rechtes Auge	**K7** Bewegung mit dem rechten Bein, dem rechten Fuß hinter dem Körper

dieser einzelnen Bereiche ist zu beachten, dass auch die drei Dimensionen des Gehirns eine Rolle spielen. Sollte eine Blockade in einem dieser Bereiche vorliegen, kann dies einen Rückschluss auf bestehende Probleme erlauben. Da aber bei jedem Menschen individuelle Unterschiede im Bereich des Gehirns und der Speicherung von Informationen des Gehirns vorliegen, ist es durchaus möglich, dass individuell eine andere Einteilung gefunden wird.

Die Beschreibungen sollen uns nur als Hinweis und Hilfestellung dienen, sie müssen nicht zwingend für jeden Einzelnen gelten. Da unser Gehirn dreidimensional arbeitet, sind auch immer verschiedene Bereiche gleichzeitig aktiv, um eine Handlung auszuführen.

Integration des Gehirns mit dem Gehirn-Körper-Modell

Einzelne Bereiche des Gehirns funktionieren oft getrennt voneinander problemlos. Sobald aber zwei oder mehrere Gehirnbereiche zusammenarbeiten sollen, entsteht Stress. Dies führt dazu, dass Einzelfunktionen aufgrund mangelnder Verbindungen nicht mehr richtig ausgeführt werden.

Vor allem wenn die vorderen Bereiche des Gehirns mit den hinteren über Kreuz kommunizieren müssen, kommt es immer wieder zu Blockaden. Denn hierfür müssen die Dimension der Lateralität und der Fokussierung verbunden sein. Hier liegt aus meiner Sicht ein Hauptproblem des menschlichen Gehirns. Die Überkreuzverbindung zwischen logischem Denken, der Wahrnehmung, dem aktiven Denken und der Gestaltung stellt für uns eine besondere Herausforderung dar.

Nehmen wir als Beispiel das Lesen eines Fachbuches. Der Aufmerksamkeits- und Denkantrieb befindet sich in den beiden vorderen Bereichen des Gehirns. Das Lesen selbst und die Worterkennung liegen aber im hinteren Bereich. Haben wir Schwierigkeiten, einen gelesenen Text zu behalten, oder müssen wir

Texte mehrmals lesen, bis wir den Inhalt verstanden haben, kann das daran liegen, dass die Kommunikation zwischen diesen Funktionen durch eine nicht ausreichende Anzahl an Nervenverbindungen gestört ist.

Schaffen wir nun neue Verbindungen über die Bewegung, indem wir gleichzeitig eine Übung mit dem rechten Arm vor dem Körper und dem linken Arm hinter dem Körper durchführen (oder umgekehrt), so kann unser Gehirn diese neuen Verbindungen in Zukunft auch für entsprechende Denkvorgänge nutzen. Wir verstehen das Gelesene sofort und lesen somit effektiver.

Im unteren Bereich des Gehirns ist immer zu beachten, dass sich hier der Großteil unserer emotionalen Handlungen befindet. Das bedeutet, dass viele Störungen und Blockaden im unteren Gehirnbereich von Emotionen ausgelöst werden können. Emotionen spielen bei der Beseitigung dieser Störungen und Blockaden eine dementsprechend wichtige Rolle.

Ich habe
nie angefangen
aufzuhören und
nie aufgehört
anzufangen.
Hans Clarin

Die Vielfalt der möglichen Störungen und Blockaden, die sich aus dem Zusammenspiel der acht Gehirnbereiche ergeben können, lässt es beim derzeitigen Wissensstand nicht zu, ein umfassendes Verzeichnis zu erstellen.

Dazu bedarf es noch langjähriger Forschungsarbeit, bei der die Probleme der einzelnen Testpersonen mit den Ergebnissen der Muskeltestverfahren korreliert werden müssen. Trotzdem wird bei Jedem ein individueller Test unerlässlich bleiben.

Wie wir aufgrund der Auswertungen des Muskeltests mit Bewegung arbeiten können, zeigt folgendes Beispiel:

Bei einem Kind, das beim Lesen und mit der Rechtschreibung Probleme hat, ergibt sich im oberen Gehirnbereich folgendes Testergebnis: Sowohl beim Test des rechten oberen vorderen Bereichs als auch beim Test des linken vorderen und hinteren Bereichs zeigt sich eine Störung. Korrelieren wir das vorher beschriebene Problem des Lesens und der Rechtschreibung, so finden wir im linken oberen hinteren Bereich des Gehirns das Schreiben rechts (das Kind ist Rechtshänder) sowie das Lesen. Insbesondere wenn der linke vordere und der hintere obere Bereich des Gehirns zusammenarbeiten müssen, reagiert das Gehirn nicht richtig.

Die Entfaltung der Ganzheit besteht aus einzelnen Schritten. Sie bewusst zu gehen lässt sich lernen.

Aber auch die Überkreuzverbindung zum rechten und vorderen Gehirn ist dadurch gestört, dass das rechte vordere Gehirn eine grundsätzliche Blockade aufweist. Um diesen Bereich mittels Bewegung zu aktivieren, müssen wir den vorderen oberen rechten Bereich des Gehirns aktivieren und gleichzeitig den linken oberen vorderen und hinteren Bereich.

Dafür eignet sich zum Beispiel folgende Übung: Das Kind hält in der linken Hand einen Ball, wirft diesen Ball hoch und fängt ihn wieder. Gleichzeitig kreist das Kind den rechten Arm vorwärts oder auch rückwärts. Das Fangen und Werfen des Balls mit der linken Hand aktiviert den rechten oberen vorderen Bereich. Das Kreisen des rechten Armes aktiviert die Verbindung zwischen dem linken oberen vorderen und hinteren Bereich.

Der ideale Lehrer

bietet sich seinen Schülern

als Brücke an

und lädt sie ein,

über diese Brücke zu gehen.

Wenn er ihnen so den

Flussübergang ermöglicht hat,

reißt er die Brücke ab und

ermutigt sie,

eigene Brücken zu bauen.

Leo Buscaglia

1

2

3

Das Gehirn über Bewegung integrieren

In der Theorie wissen wir jetzt schon viel darüber, **wie Gehirn und Körper zusammenhängen**. Dieses Kapitel zeigt nun, wie diese theoretischen Grundlagen **in die Praxis übertragen** werden können und wie **praktische Übungen** aussehen, die Körper und Gehirn wieder in Einklang bringen. Denn durch spezielle Körper- und Augenbewegungen lässt sich die Integration unseres Gehirns erfolgreich vorantreiben.

4

5

6

3.1 Körperübungen steigern geistige Flexibilität

Nichts geschieht von alleine. Deshalb nutzt es auch nichts, darauf zu warten, dass unser Körper von alleine genau die Bewegungen ausführt, die zu einer besseren Nutzung des Gehirns führen. Es nutzt auch nichts, wenn wir hier und da auf die Schnelle eine Übung machen und davon Wunder erwarten. Gerade bei Kindern wird dies oft versucht. In vielen Büchern wird zum Beispiel empfohlen, mit Kindern Übungen zu machen, um unter anderem die Verbindungen zwischen linker und rechter Gehirnhälfte zu verbessern. Rechte Hand an linkes Knie und umgekehrt, und schon nach zehn Wiederholungen einmal in der Woche soll das Kind plötzlich schneller lernen und sich besser konzentrieren können. Auch wenn Kinder an sich eine sehr schnelle Auffassungsgabe haben, wirken diese Übungen nicht auf Dauer.

Um die Aktivität des Gehirns dauerhaft zu beeinflussen, müssen wir beständig üben. Denn sobald mit dem Üben aufgehört wird, lässt meistens auch die Gehirn-Aktivität wieder nach.

Entscheidende Faktoren für das hier beschriebene Gehirn-Integrationstraining sind daher zum einen die Dauer des Trainings, zum anderen die auf alle drei Dimensionen ausgelegten Übungen. Hierbei ist es nicht notwendig, dass wir täglich üben. Vielmehr ist es wesentlich effektiver, wenn wir einmal in der Woche mindestens 45 Minuten lang trainieren. Bei den durchgeführten Pilotprojekten wurde mit einem Teil der Gruppe einmal in der Woche und mit dem anderen Teil zweimal in der Woche eine Stunde trainiert. Hierbei gab es nur unwesentliche Unterschiede in der Entwicklung der geistigen und körperlichen Leistungsfähigkeit. Daraus folgt, dass ein Trainingseinsatz von einer Stunde in der Woche für die gewünschte Entwicklung vollkommen ausreichend ist.

Die Wirkung der Übungen können wir mit dem Gehen auf

einer ungemähten Wiese vergleichen. Gehen wir nur einmal über diese Wiese und kommen nach ein paar Stunden zurück, so erkennen wir nicht mehr, wo wir gegangen sind. Die Grashalme haben sich wieder aufgerichtet. Gehen wir mehrmals hintereinander den gleichen Weg über die Wiese, erkennen wir den Weg auch nach ein paar Stunden noch. Aber am nächsten Tag haben sich alle Grashalme wieder aufgerichtet.

Je öfter wir über die Wiese gehen, desto länger erkennen wir den Weg, den wir gegangen sind. Je länger wir am Stück trainieren, desto stabiler sind die Verbindungen, die wir in unserem Gehirn anlegen. Wenn wir mit dem Rasenmäher über die Wiese gehen, erkennen wir auch noch nach über einer Woche, wo wir gegangen sind. Den gleichen Effekt erzielen wir, wenn wir mindestens 45 Minuten lang trainieren. Wenn wir wöchentlich mindestens einmal intensiv trainieren, schaffen wir Verbindungen, die auf Dauer bestehen bleiben. Aus einer Rasenmäherspur wird ein großer Trampelpfad. Aus einem Trampelpfad wird ein Feldweg. Aus einem Feldweg wird ein befestigter Weg. Aus einem befestigten Weg wird ein geteerter Weg. Aus einem geteerten Weg wird eine Straße. Aus einer Straße wird eine Autobahn.

Der Mensch besteht aus zwei Teilen – seinem Gehirn und seinem Körper. Aber der Körper hat mehr Spaß.
Woody Allen

Wir erschaffen also Stück für Stück neue Datenautobahnen in unserem Gehirn.

Um das zu erreichen, sollten Sie davon ausgehen, dass eine Verbesserung der gewünschten Bereiche nur durch kontinuierliches Trainieren erzielt wird. Dann werden Sie im Laufe der Zeit Erfolge genießen können und von einem neuen körperlichen Wohlbefinden genauso profitieren wie von einer gesteigerten geistigen Leistungsfähigkeit.

Mühelos von einer Aufgabe zur anderen wechseln

Stellen Sie sich ein professionelles Tanzpaar aus dem Leistungssport vor, bei dem eine Schrittfolge die andere jagt. Oder eine Aerobic-Stunde; auch hier wechseln sich Schrittfolgen oft in rascher Reihenfolge ab. Solche Wechsel von einem Bewegungsmuster auf ein anderes sollten möglichst ohne Unterbrechung des Bewegungsflusses vollzogen werden.

Die Fähigkeit zu schnellen körperlichen Bewegungswechseln ermöglicht es uns auch in anderen Bereichen, wie beispielsweise im Beruf, verschiedene aufeinander folgende Aufgaben rascher zu lösen. Menschen können zum Beispiel schneller auf neue Kunden eingehen oder problemloser von der Schreibtischarbeit auf einen eingehenden Telefonanruf wechseln. In Besprechungen können wir plötzlichen Themenwechseln ungehindert folgen und überraschende Fragen richtig beantworten.

Trainierte Schüler erfassen und lösen die zu bewältigenden Aufgaben schneller. Der Übergang von einem Fach zum anderen macht ihnen weder in der Schule noch bei den Hausaufgaben Schwierigkeiten. Und während eines Tests fällt der Wechsel von einer Aufgabe zur nächsten leichter. Auch beim Sport erfolgen die unterschiedlichsten Bewegungsabläufe fließender und gewährleisten somit einen insgesamt schnelleren und Energie sparenden Bewegungsablauf.

Komplexe Aufgaben leichter bewältigen

Bei den Übungen aus dem Gehirn-Integrationstraining handelt es sich nicht nur um relativ einfache Bewegungsabläufe, sondern um immer komplexer werdende Bewegungsaufgaben. Am Ende werden möglichst viele Bewegungen gleichzeitig mit den unterschiedlichen Extremitäten durchgeführt.

Ein fehlerfreies Umsetzen der Übungen, in denen mehrere Bewegungen parallel zueinander durchgeführt werden, ist nicht immer leicht, egal ob nur eine Körperseite gefordert wird oder die Körperseiten im Wechsel agieren müssen. Oft werden beide Körperseiten gleichzeitig trainiert, oder es werden spezielle Bewegungsaufgaben vor beziehungsweise hinter dem Körper durchgeführt. Übungen für die obere oder die untere Extremität sind genauso möglich wie für beide zusammen oder in der Kombination links/rechts, vorne/hinten, oben/unten.

Auf der geistigen Ebene führen die Übungen im Beruf zum Beispiel dazu, dass umfassende und komplexe Aufgaben aus verschiedenen Themenbereichen problemlos gelöst und schwierige Zusammenhänge leichter verstanden werden.

Auch in der Schule können inhaltlich anspruchsvolle Aufgaben ohne Probleme erfasst und detailliert beantwortet werden. In komplexen Bewegungsabläufen trainierte Schüler können Fragen auf Grundlage ihres bisher erlernten Wissens beantworten, und die Bewältigung der gestellten Hausaufgaben fällt leichter. Auch im Sport sind die Resultate nicht zu unterschätzen: Beim Ausüben der jeweiligen Sportart lassen sich schwierige Bewegungsabläufe eleganter ausführen. Dadurch ist der Kraftaufwand wesentlich geringer.

Das »Drehmoment« des Gehirns

Fahren Sie Ski? Oder vielleicht Motorrad? Sicher haben Sie dann auch eine Lieblingsrichtung, in der Sie einen Schwung oder eine Kurve fahren. Sich in diese Richtung in die Kurve zu legen, ja manchmal sogar in halsbrecherischer Geschwindigkeit geradezu zu werfen, macht enormen Spaß. Wie sieht es dagegen mit der anderen Richtung aus? Und wie leicht fällt Ihnen der Wechsel von der einen in die andere Richtung?

Der schnelle und problemlose Richtungswechsel ermöglicht einen geistigen Vorsprung, der in vielen Bereichen enorm wertvoll ist und es in Zukunft noch viel mehr sein wird. Das Training der Bewegungsrichtungen vereinfacht im Berufsleben die rasche Wahl des richtigen Weges und hilft zu erkennen, wann wir die Richtung wechseln müssen. Auch der Richtungswechsel unseres Gesprächs- oder Geschäftspartners lässt sich schneller nachvollziehen.

In der Schule wird die Richtung der gestellten Aufgaben schneller erkannt, und der Lösungsweg von Aufgaben wird übersichtlicher. Ist der Lösungsweg falsch, kann problemlos, stressfrei und zügig ein Richtungswechsel vorgenommen werden. Auch die persönliche Ausrichtung fällt leichter: Die Richtung der eigenen schulischen Laufbahn lässt sich besser erkennen.

> **Der Horizont vieler Menschen** ist ein Kreis mit Radius Null – und das nennen sie ihren Standpunkt.
> Albert Einstein

Gerade im Sport bestimmt der Schwung, der aus einer fließenden Drehung hervorgeht, oft Tempo, Geschwindigkeit, Schnellkraft, Weite oder Bewegungsvorsprung. Bei gleichem Ergebnis ist weniger Kraftaufwand für schnelle Drehbewegungen erforderlich. Durch fließende Drehbewegungen, die mit wenig Kraft ausgeführt werden, überwinden wir die Trennung zwischen rechter und linker Gehirnhälfte. Wir verändern sozusagen gezielt die Lieblingsrichtung und trainieren so – körperlich wie geistig – einen flexiblen Richtungswechsel, wann und in welcher Richtung er auch notwendig ist.

Nie wieder Blackout vor Publikum

Auch die Prüfungssituation, in der das zuvor einstudierte Wissen plötzlich nicht mehr parat ist, oder sonstige Blackouts vor Publikum verlieren mit dem Gehirn-Integrationstraining an

Schärfe. Die geistige Flexibilität, eine Aufgabe kontinuierlich weiter auszuführen und gleichzeitig eine andere zu lösen, wird zu einer lösbaren Herausforderung.

Für die Bewegung unseres Körpers bedeutet das, dass eine Körperseite eine Bewegung weiter ausführt, auch wenn die andere Körperseite plötzlich eine andere Aufgabe erhält. Ziel ist, eine Verzögerung oder gar das Abbrechen einer Bewegung zu vermeiden. Mit Variationen hinter beziehungsweise vor dem Körper sowie Abwechslung zwischen oberen und unteren Extremitäten schafft man Verbindungen zwischen Gehirn-Arealen, die vorher nicht oder nur gering ausgebildet waren. Wir geraten dadurch immer seltener in Blackout-Situationen, bei regelmäßigem Training können wir diese sogar komplett vermeiden.

Auch ein perfektes Chaos ist etwas **Vollkommenes.**
Jean Genet

Im Beruf sind außerdem Gespräche mit Mitarbeitern, Kollegen und Kunden häufig begleitet vom ständigen Hin und Her zwischen allgemeinen Aussagen und Fakten. Diese Aussagen und Fakten können jetzt problemlos zugeordnet werden, ohne verloren zu gehen. Auf Abruf sind sie ohne weiteres an der richtigen Stelle einsetzbar. Somit ist gewährleistet, dass in einem Gespräch der rote Faden nicht mehr verloren geht. Man ist in der Lage, sich mit einer Person zu unterhalten und während des Gespräches gleichzeitig eine Rechnung mit dem Taschenrechner zu bearbeiten.

Auch in der Schule sieht man Resultate: In der Grundschule haben zum Beispiel viele Schüler speziell im Fach Mathematik große Schwierigkeiten beim Umsetzen von Textaufgaben in eine Rechnung. Durch die Gehirn-Integrationsübungen fällt der plötzliche Wechsel zwischen Text und Zahlen innerhalb einer Aufgabe deutlich leichter. Auch das Notieren von Fakten, ohne dabei die Aufmerksamkeit für die Ausführungen des Lehrers zu verlieren, wird merklich verbessert.

Im Sport werden Bewegungsabläufe nicht mehr abgebremst oder kurzzeitig unterbrochen, wenn die zunächst passive Seite plötzlich aktiv werden muss. Als Folge erhöht sich der Bewegungsfluss und somit das gewünschte Ergebnis merklich.

Das Gehirn im Fluss

Nach allen vorbereitenden Übungen zur Gehirnintegration kommt am Schluss sozusagen die Paradeübung. Sie ist die Kür, damit auch wirklich alles im Leben »wie am Schnürchen« läuft. Die Bewegung soll fließend sein, wenn Arme und Beine ohne Unterbrechung von einer Körperseite zur anderen bewegt werden. Das Überqueren muss dabei sowohl auf der Vorderseite als auch auf der Rückseite des Körpers funktionieren. Sobald man in der Lage ist, diese Übungen auf der Körpervorderseite und auf der Rückseite auszuführen – und zwar sowohl mit den oberen wie auch den unteren Extremitäten und/oder im Wechsel zwischen vorderer und hinterer Körperseite – kann man erstaunliche Ergebnisse erzielen.

Im beruflichen Bereich wird durch das Überqueren der Bewegungsmitte der Wechsel zwischen unterschiedlichen Aufgaben erleichtert und der Austausch von einer Gehirnhälfte zur anderen zum Fließen gebracht. In solcher Weise trainierte Gehirnbereiche ermöglichen einen rascheren und übergangslosen Ablauf der täglichen Arbeit. Der gesamte berufliche Alltag beschleunigt sich, und in der Schule fällt plötzlich das Lernen leichter. Auch bei fast allen Sportarten ist es notwendig, im Bewegungsablauf die Körpermitte zu überwinden. Verfügen wir über diese Fähigkeit, verändert sich die gesamte Koordination des Bewegungsablaufes. Der Kraftaufwand sinkt deutlich spürbar.

Aus Bewegungen Information gewinnen

Beim Durchführen neuer gezielter Bewegungen erkennt man spannende Analogien zum beruflichen, schulischen und sportlichen Alltag. Anhand der Reaktionsverzögerungen bei den Bewegungen lassen sich zum Beispiel bevorzugte Gehirnbereiche ablesen.

Es gibt Menschen, denen es sehr leicht fällt, Übungen mit Zahlen (Logikhälfte) auszuführen. Dieselben Menschen verzweifeln aber beinahe, wenn die Übungen Worte oder Farben (Gestalthälfte) beinhalten. Wenn man weiß, welche Hälfte man persönlich bevorzugt, kann man die andere gezielt trainieren und damit die Integration im eigenen Gehirn forcieren.

Unterschiede gibt es auch bei der visuellen Wahrnehmung: Menschen, die sehr visuell geprägt sind, werden Anweisungen mit geschlossenen Augen schwer folgen können. Andere, die den auditiven Kanal bevorzugen, können sich mit geschlossenen Augen sogar besser konzentrieren. Mit solchen Übungen kann man zum Beispiel auch relativ leicht herausfinden, ob jemand eher extrovertiert oder introvertiert ist. Jemand, der eher extrovertiert ist, wird mit Vorwärtsbewegungen weniger Probleme haben als ein introvertierter Zeitgenosse. Und jemand, der eher introvertiert ist, zieht sich lieber etwas zurück und macht demzufolge auch lieber nach hinten gerichtete Bewegungen.

Vielleicht merken Sie an dieser Stelle bereits, dass das Gehirn-Integrationstraining ungeahnte Potenziale eröffnet. Neben dem Spaß an der Sache können bahnbrechende Ergebnisse erzielt werden – beim einzelnen Menschen genauso wie in Organisationen.

3.2 Praxisteil: Übungen für den Körper

Seit der ersten Idee, ein Training zur Integration des Gehirns zu entwickeln, sind bis heute einige hundert Übungen mit vielen Variationen entstanden. Bei jedem Training und bei jedem speziell ausgearbeiteten Programm für einzelne Personen oder einzelne Problemstellungen entwickeln sich die Übungsvariationen weiter.

Für den nachfolgenden Übungsteil habe ich eine Grundübung gewählt, die Sie alleine ausführen können. Aber auch zu zweit oder in einer Gruppe ist die Übung einsetzbar. Die Variationen der Übung habe ich so gewählt, dass am Ende der Übungsfolge alle Dimensionen des Gehirns aktiviert sind und Ihr Gehirn in allen Bereichen integriert ist. Natürlich ist es in einem Buch nicht möglich, auf ein individuelles Problem einzugehen. Aber bei regelmäßigem Training werden Sie eine allgemeine Verbesserung Ihrer psychischen und physischen Leistung spüren.

Was muss ich bei den Übungen beachten ?

- Üben Sie maximal zwei Mal pro Woche.
- Zwischen den einzelnen Übungstagen sollen mindestens drei Tage Pause liegen.
- Die Übungsdauer sollte mindestens 30 Minuten betragen.
- Üben Sie step by step, machen Sie erst mit der nächsten Übung weiter, wenn die vorherige klappt.
- Haben Sie Spaß und denken Sie daran: Immer wenn Sie verwirrt sind, lernt Ihr Gehirn etwas Neues.

Für die nachfolgenden Übungen benötigen Sie zwei Bälle. Von der Größe her eignen sich Tennisbälle. Sie können aber auch andere, wie zum Beispiel Jonglierbälle, Golfbälle, Tischtennisbälle usw., verwenden. Jedes Material setzt einen anderen Reiz. Viele Menschen tun sich am Anfang leichter, wenn sie die Bälle aus der Sportart verwenden, die sie selbst betreiben. Eine besondere Herausforderung ist es, zwei unterschiedliche Bälle zu verwenden. Das empfiehlt sich aber erst dann, wenn die Übungen schon perfekt funktionieren.

Grundübung:

1 In jede Hand einen Ball nehmen.

1.1 Den Ball mit der rechten Hand hochwerfen und wieder fangen. Mehrmals wiederholen.

1.2

Den Ball mit der linken Hand hochwerfen und wieder fangen. Mehrmals wiederholen.

1.3

Beide Bälle gleichzeitig und parallel zueinander hochwerfen und wieder fangen. Mehrmals wiederholen.

1.4 Beide Bälle weiter gleichzeitig und parallel zueinander hochwerfen und wieder fangen. Die Bälle dürfen sich nicht kreuzen. Die Arme sind zuerst parallel zueinander. Dann die Bälle hochwerfen. Sobald die Bälle in der Luft sind, werden die Arme gekreuzt. Die Bälle mit gekreuzten Armen fangen. Jetzt die Bälle mit gekreuzten Armen hochwerfen. Sobald die Bälle in der Luft sind, die Arme wieder parallel halten und die Bälle in dieser Stellung fangen. Die Übung nun im ständigen Wechsel ohne Unterbrechung durchführen.

Gleicher Übungsablauf wie eben. Beim Kreuzen der Arme ist einmal der rechte Arm oben und beim nächsten Mal der linke Arm. **1.5**

>>

C
D
E
F

G

H

I

1.6 Gleicher Übungsablauf wie bei Übung 1.5. Zusätzlich gehen wir in unterschiedlichem Tempo vorwärts.

1.7

Gleicher Übungsablauf wie bei Übung 1.5. Zusätzlich gehen wir in unterschiedlichem Tempo rückwärts.

1.8 Gleicher Übungsablauf wie bei Übung 1.5. Zusätzlich drehen wir uns im Uhrzeigersinn.

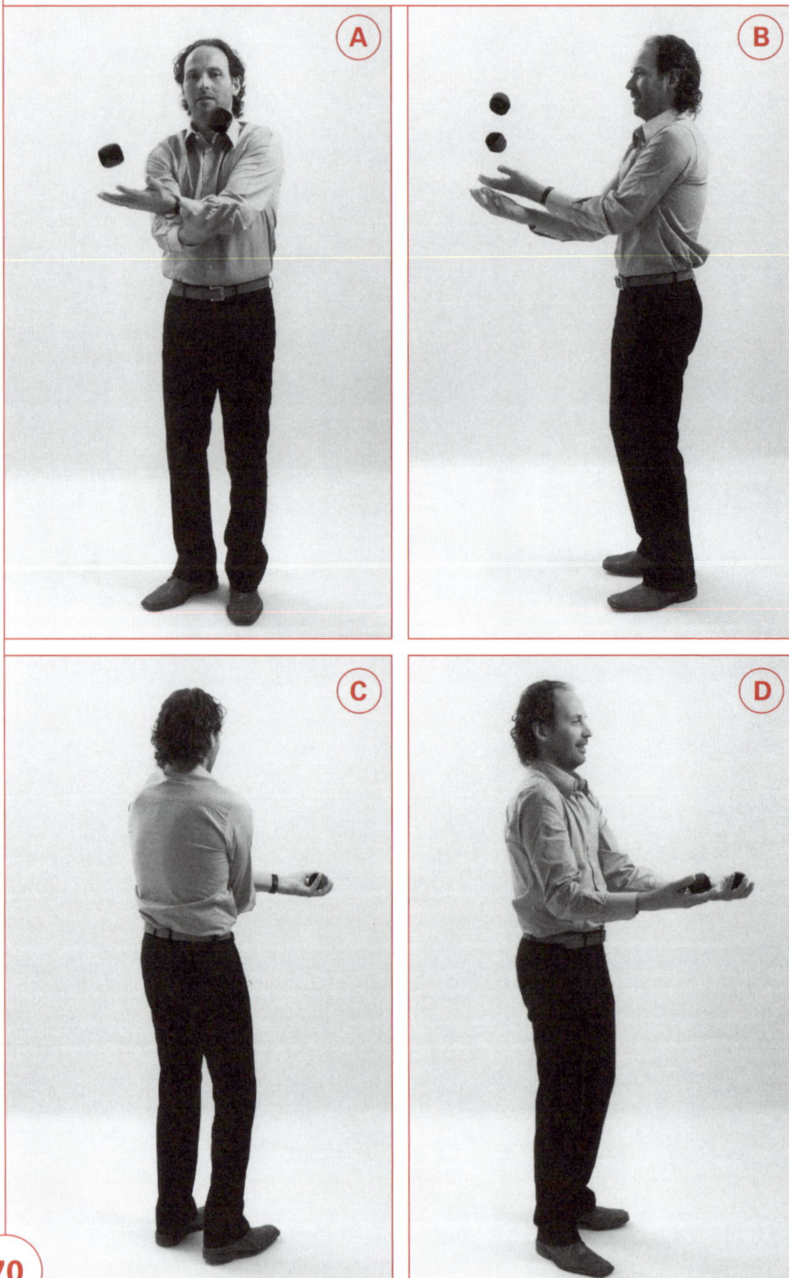

Gleicher Übungsablauf wie bei Übung 1.5. Zusätzlich drehen wir uns gegen den Uhrzeigersinn. **1.9**

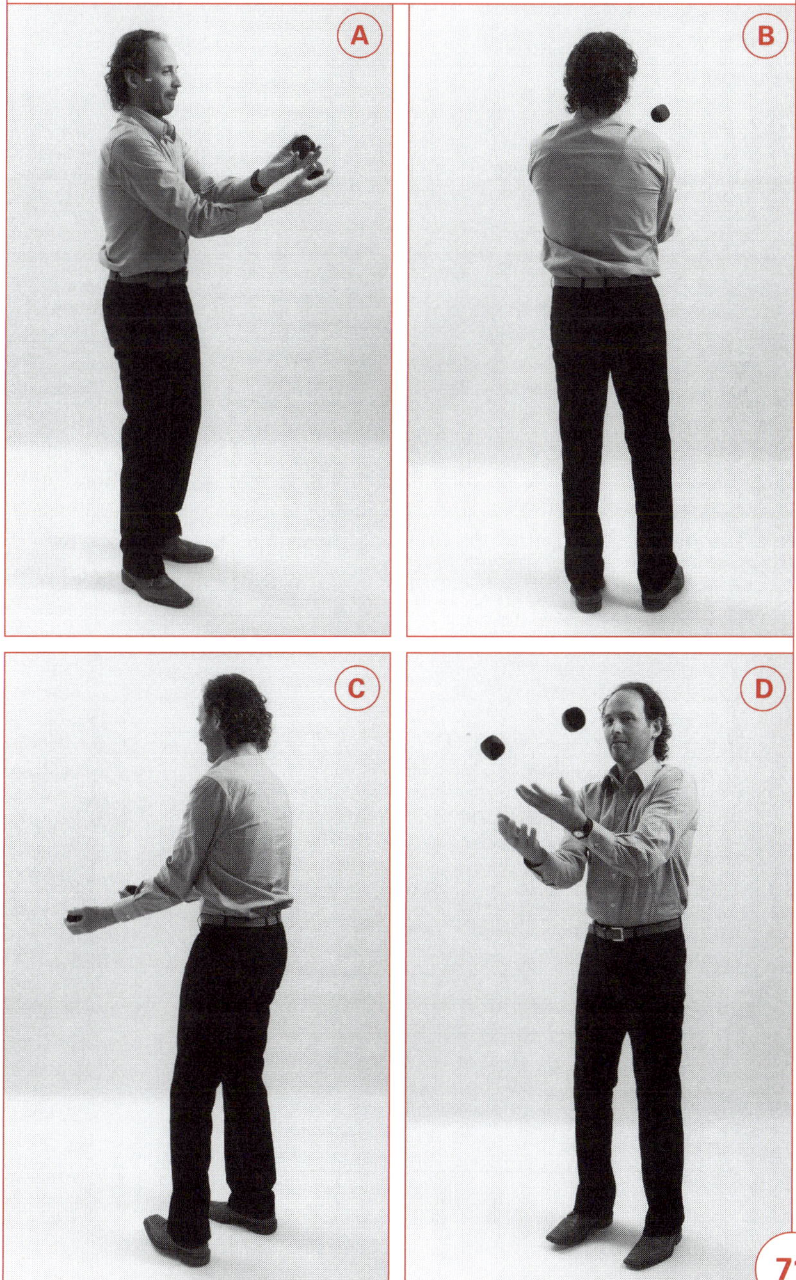

Übungen für Logik- und Gestalthälfte

2.1 Gleicher Übungsablauf wie bei Übung 1.5. Bei jedem Überkreuzfangen sagen wir eine Zahl in der Reihenfolge 1-2-3-4 usw.

2.2 Gleicher Übungsablauf wie bei Übung 1.5.
> Bei jedem Überkreuzfangen sagen wir eine Zahl in der Zweierreihe 2-4-6-8 usw.
> Bei jedem Überkreuzfangen sagen wir eine Zahl in der Dreierreihe 3-6-9-12 usw.
> Bei jedem Überkreuzfangen sagen wir eine Zahl in der Viererreihe 4-8-12-16 usw.

2.3 Gleicher Übungsablauf wie bei Übung 1.5. Bei jedem Überkreuzfangen sagen wir einen Buchstaben in alphabetischer Reihenfolge a-b-c-d usw.

2.4 Gleicher Übungsablauf wie bei Übung 1.5. Bei jedem Überkreuzfangen sagen wir ein Wort mit einem Anfangsbuchstaben in alphabetischer Reihenfolge Auto-Banane-Cäsar usw.

2.5 Gleicher Übungsablauf wie bei Übung 1.5. Bei jedem Überkreuzfangen sagen wir eine Zahl und beim Parallelfangen einen Buchstaben in alphabetischer Reihenfolge 1-a-2-b-3-c-4-d usw.

Gleicher Übungsablauf wie bei Übung 1.5. Bei jedem Überkreuzfangen sagen wir eine Zahl und beim Parallelfangen sagen wir ein Wort mit einem Anfangsbuchstaben in alphabetischer Reihenfolge 1-Auto-2-Banane-3-Cäsar-4-Dame usw. 2.6

Wir führen einen Übungsablauf einer der Übungen 2.1 bis 2.6 durch und gehen dabei in unterschiedlichem Tempo vorwärts. 2.7

Wir führen einen Übungsablauf einer der Übungen 2.1 bis 2.6 durch und gehen dabei in unterschiedlichem Tempo rückwärts. 2.8

Wir führen einen Übungsablauf einer der Übungen 2.1 bis 2.6 durch und drehen uns dabei im Uhrzeigersinn. 2.9

Wir führen einen Übungsablauf einer der Übungen 2.1 bis 2.6 durch und drehen uns dabei gegen den Uhrzeigersinn. 2.10

Übungen für die obere und untere Gehirn-Dimension:

3.1 Die Ausgangsstellung für diese Übung sieht wie folgt aus: Die Arme sind parallel. In jeder Hand halten Sie einen Ball. Die Beine sind überkreuz.

Übungsablauf:

Die Bälle werden wie in Übung 1.4 beschrieben hochgeworfen und gefangen. Gleichzeitig springen wir hoch und stellen die Beine parallel.

Wir führen diese Übung im ständigen Wechsel durch. Wenn die Arme parallel sind, müssen die Beine über Kreuz stehen. Wenn die Arme gekreuzt sind, müssen die Beine parallel stehen.

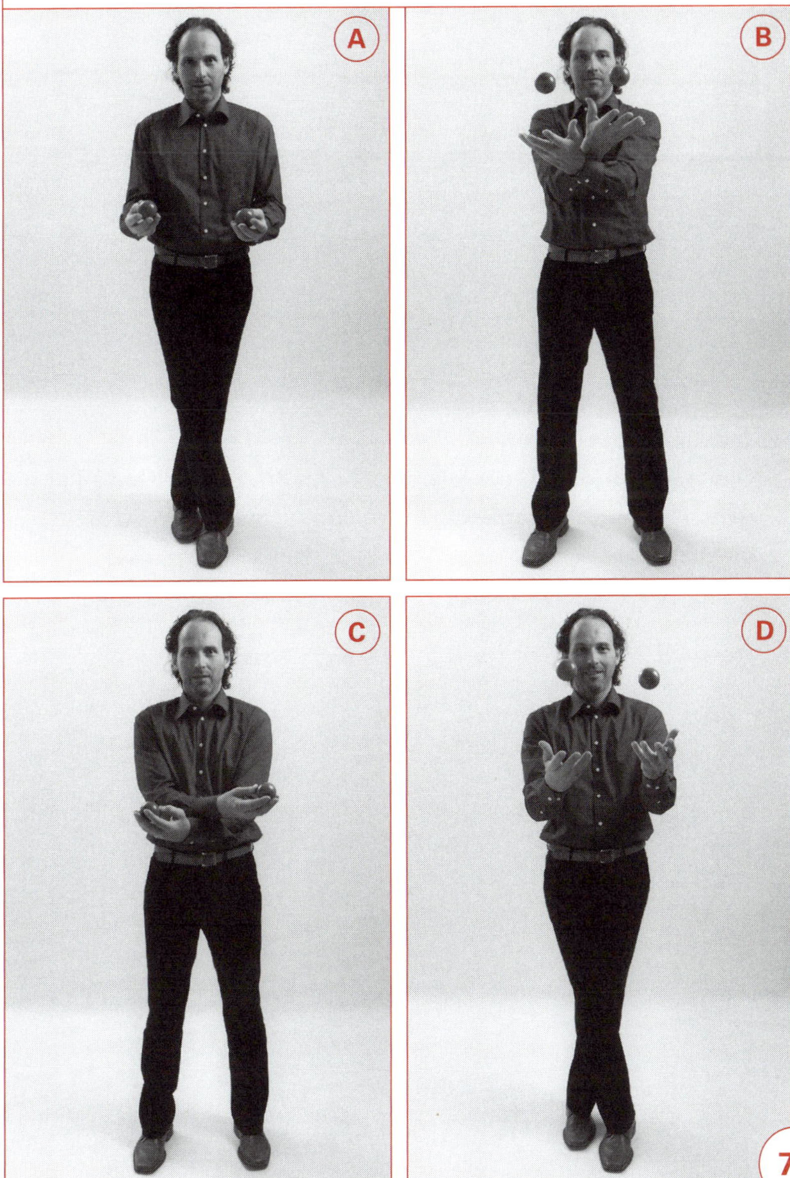

3.2 Gleicher Übungsablauf wie bei Übung 3.1. Beim Kreuzen der Arme ist einmal der rechte Arm oben und beim nächsten Mal der linke Arm.

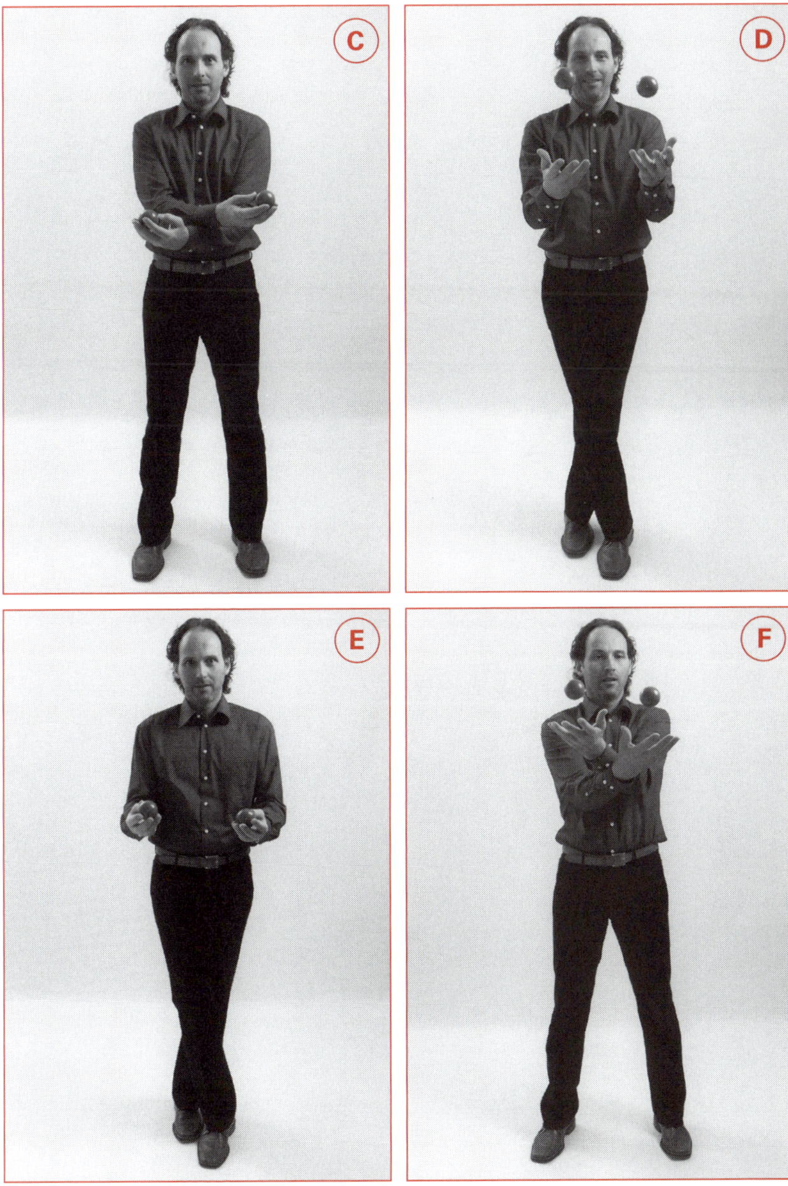
C
D
E
F

G

H

I

3.3

Gleicher Übungsablauf wie bei Übung 3.1. Beim Kreuzen der Beine ist einmal das rechte Bein vorne und beim nächsten Mal das linke Bein.

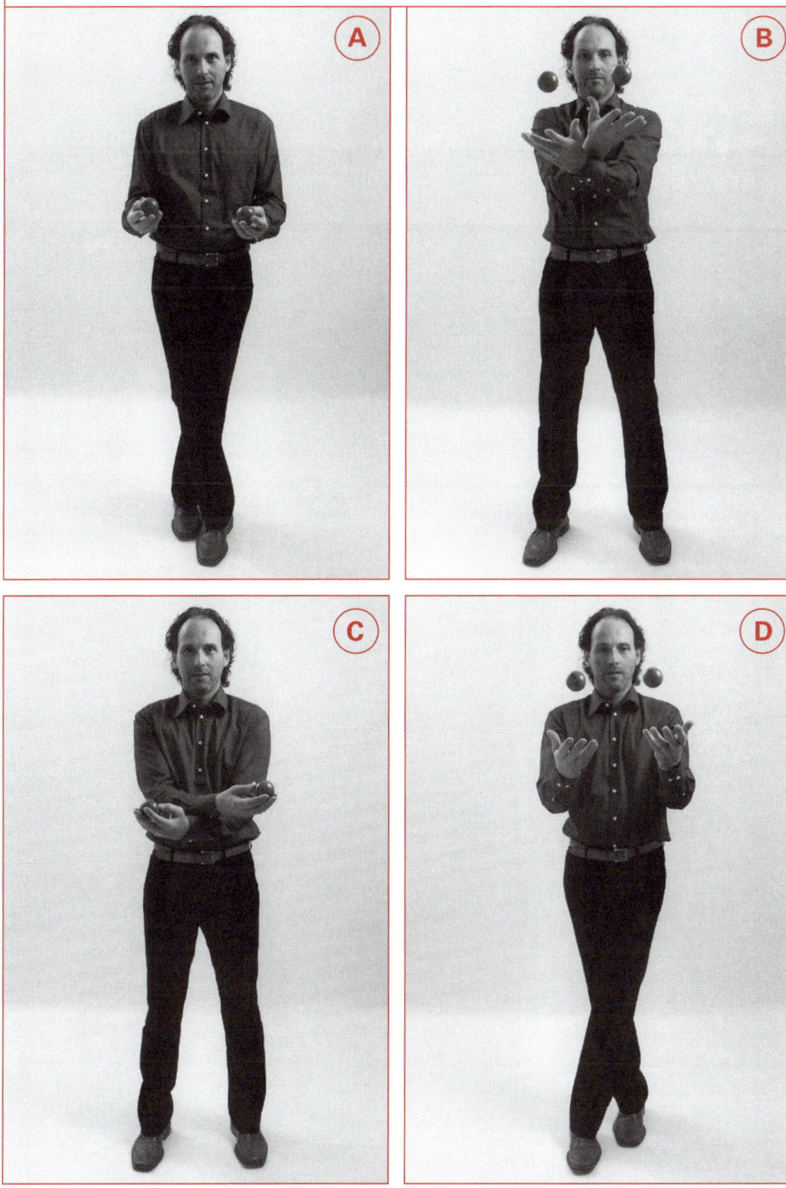

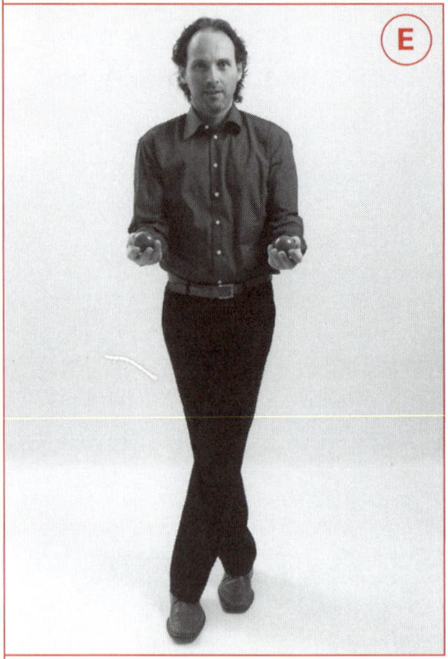

3.4 Gleicher Übungsablauf wie bei Übung 3.1. Beim Kreuzen folgende Reihenfolge einhalten:

- linker Arm oben – Beine parallel
- linkes Bein vorne – Arme parallel
- rechter Arm oben – Beine parallel
- rechtes Bein vorne – Arme parallel

B

C

D

3.5 Die Ausgangsstellung für diese Übung sieht wie folgt aus: Die Arme sind parallel. In jeder Hand halten Sie einen Ball. Die Beine sind in Schrittstellung, linkes Bein vorne, rechtes Bein hinten.

Übungsablauf:

Die Bälle werden wie in Übung 1.4 beschrieben hochgeworfen und gefangen. Gleichzeitig springen wir hoch und stellen die Beine zusammen.

A
B
C
D

Wir führen diese Übung im ständigen Wechsel durch. Wenn die Arme parallel sind, müssen die Beine in Schrittstellung stehen. Wenn die Arme gekreuzt sind, müssen die Beine zusammen stehen.

3.6 Gleicher Übungsablauf wie bei Übung 3.5. Beim Kreuzen der Arme ist einmal der rechte Arm oben und beim nächsten Mal der linke Arm.

C

D

E

F

G

H

I

3.7

Gleicher Übungsablauf wie bei Übung 3.5. Bei der Schrittstellung ist einmal das rechte Bein vorne und beim nächsten Mal das linke Bein.

3.8 Gleicher Übungsablauf wie bei Übung 3.5. Beim Kreuzen folgende Reihenfolge einhalten:

> linker Arm oben – Beine zusammen
> linkes Bein vorne – Arme parallel
> rechter Arm oben – Beine zusammen
> rechtes Bein vorne – Arme parallel

B

C

D

3.3 Gezielte Augenbewegungen trainieren die Sinne

Geistige Flexibilität lässt sich – wie wir inzwischen wissen – durch körperliche Bewegung steigern. Was wir im letzten Teilkapitel bereits mit den Extremitäten, also mit Armen und Beinen und mit unserem Körper geübt haben, erweitern wir jetzt durch ein gezieltes Training der Augen.

Die Augen sind für viele von uns der Hauptwahrnehmungskanal. Trotzdem nutzen wir diesen Kanal nicht im vollen Umfang. Vielmehr verkümmern viele Fähigkeiten der visuellen Wahrnehmung. Denn wir nutzen nur die Potenziale, die wir täglich benötigen. Das, was wir nicht nutzen, geht verloren. Dies gilt genauso für alle anderen Sinneswahrnehmungen. Das Hören wird neben dem Sehen noch am meisten eingesetzt. Der Rest ist fast in Vergessenheit geraten. Wer von uns hat schon noch das Fühlen, das Riechen und das Schmecken so ausgeprägt wie das Hören oder gar das Sehen?

Kümmern wir uns zuerst einmal aber um die visuelle Wahrnehmung. Hierbei geht es vorrangig um die Verarbeitung visueller Informationen im Gehirn. An zweiter Stelle steht die Verbesserung der Sehschärfe, die bei regelmäßigem Training erheblich zunehmen kann.

Bewegung ist das halbe Sehen

Ob Schüler oder Angestellter – oft sitzen wir stundenlang am Tag vor Computern. Damit ist nicht nur unser Körper, sondern sind auch unsere Augen zur Starrheit verdammt. Aufgrund dieser äußerlichen Starre verkümmert unser Bewegungsapparat, und auch die Muskeln in unseren Augen werden in Mitleidenschaft gezogen. Eine verkümmerte Augenmuskulatur sorgt für einen »starren Blick«. Die Augen sind nicht mehr in der Lage, sich fließend vertikal, horizontal oder diagonal zu bewegen.

Bei genauer Beobachtung der Augen erkennt man ein »Springen« in der Bewegung.

Doch wie soll die visuelle Wahrnehmung wirklich gut funktionieren, wenn uns einfach der »Weitwinkel« fehlt beziehungsweise wir in unserem Blickfeld enorm eingeschränkt sind? Eine flüssige Augenbewegung mit großem Radius ist jedoch nicht nur Selbstzweck. Im beruflichen Bereich verbessert sich durch trainierte Augen das Lesen von Texten. Wir können aber nicht nur schneller lesen, was bei der Vielzahl an Informationen, die täglich auf uns einstürmen, nur von Vorteil sein kann, sondern wir begreifen das Gelesene auch besser. Texte aus einem Buch oder einer sonstigen Vorlage in den PC zu schreiben, kostet uns weniger Energie und Zeit als vorher.

Die eigentliche Entdeckung besteht nicht darin, Neuland zu betreten, sondern mit **neuen Augen zu sehen**.
Marcel Proust

Schüler können durch ein Augentraining enorme Fortschritte beim Lesen und in der Rechtschreibung machen. Die Erklärung ist so einfach wie logisch: Die Augen müssen die Zeilen beim Lesen verfolgen. Wenn hierbei einzelne Positionen nicht aktiv sind, treten Schwierigkeiten auf. Ebenso fällt dann das Verfolgen der einzelnen Zeichen beim Schreiben schwer. Das kann dazu führen, dass Zeichen oder Buchstaben ausgelassen werden.

Im Sport ist es bei Ballsportarten immens wichtig, den Ball zu verfolgen und im Auge zu behalten. Ist zum Beispiel beim Tennis ein Millimeter Augenbewegung nicht aktiv, bedeutet dies, dass beim Aufschlag des Gegners 20 Zentimeter Ballweg nicht gesehen werden. Entsprechend nachteilig fällt der Return aus.

Auf die Augenstellung kommt es an

Stellen Sie sich einfach einmal eine Uhr vor. Gehen Sie nur mit Ihren Augen von 12.00 Uhr ausgehend die einzelnen vollen Stunden des Zifferblattes ab, bis Sie nach zwölf Schritten wieder bei 12.00 Uhr landen. Wie ist es Ihnen ergangen? Ist es Ihnen leicht gefallen, oder war es schwierig?

Je nach Augenstellung werden andere Gehirnbereiche aktiviert. Allerdings aktiviert die gleiche Augenstellung nicht bei jedem Menschen den gleichen Gehirnbereich. Hierbei bestehen zum Teil erhebliche individuelle Unterschiede. Viele nehmen zum Beispiel beim Nachdenken die Augenstellung im oberen Bereich der Augen ein. Genauso gibt es aber Menschen, die beim intensiven Nachdenken bevorzugt nach unten schauen. Haben Sie bei sich schon einmal beobachtet, welche Stellung Ihre Augen einnehmen, wenn Sie nachdenken? Über das in Kapitel 5 beschriebene Testverfahren können Sie für sich persönlich austesten, welche Augenstellung welchen Gehirnbereich aktiviert. Mit diesem Wissen kann jeder über unterschiedliche Augenstellungen in einer bestimmten Situation gezielt die Gehirnbereiche aktivieren, die er gerade benötigt.

> Der menschlichen Erkenntnis sind **Grenzen** gesetzt, aber wir wissen nicht, wo diese liegen.
> Konrad Lorenz

Sobald eine bestimmte Augenstellung inaktiv ist, verändert sich auch die Körperhaltung. Für eine solche Kompensationshaltung ist ein erhöhter Energie- und Kraftaufwand notwendig.

Ein Beispiel: Wenn die Augenstellung nach unten nicht aktiv ist, ermüden wir sehr schnell beim Lesen. Vor allem dann, wenn das Buch oder die Zeitschrift vor uns auf dem Tisch liegt. Ein Anzeichen ist, dass wir beim Lesen anfangen zu gähnen. Um die inaktive Augenstellung zu umgehen, nehmen viele das Buch oder die Zeitschrift nach oben oder neigen den Kopf extrem nach unten, so dass die Augen aus horizontaler Sicht in der Mitte sind.

Ohne diese Kompensation der Augenstellung wäre es nicht möglich, das Gelesene zu verstehen. Auch in der Schule können Kinder oft gut von der Tafel lesen, aber schlecht von einem Blatt, das auf dem Tisch liegt. Das passiert deswegen, weil hierfür zwei verschiedene Augenstellungen erforderlich sind.

Beim Sport kann ein Fußballspieler, bei dem die untere Augenstellung inaktiv ist, beim Geradeausschauen den Ball nicht sehen, wenn er ihn dribbelt. Er ist gezwungen, den Kopf nach unten zu beugen. Dadurch sieht er seine Mitspieler und Gegner nicht mehr. »Ballführen blind« mit erhobenem Kopf ist ihm nicht möglich.

Ein großes Blickfeld sorgt für geistige Weitsichtigkeit

Testen Sie doch einfach mal bei sich selbst: Wie weit können Sie nach rechts beziehungsweise nach links blicken? Wie groß ist Ihr Blickfeld? Wie gut ist Ihre räumliche Wahrnehmung? Es gibt Menschen, die sofort merken, wenn Sie auch nur annähernd in ihr Blickfeld geraten. Anderen müssen Sie sozusagen schon auf die Schulter klopfen oder auf die Füße treten, damit sie Sie bemerken.

Wenn Sie Ihr Blickfeld gezielt erweitern, verbessern Sie auch Ihre räumliche Wahrnehmung. Sie erkennen nicht nur Bewegungen im Raum, sondern nehmen auch den Raum als solchen ganz anders wahr. Und mit der Zeit schulen Sie dadurch sogar Ihre intuitive Wahrnehmung.

Die Größe des Blickfeldes beeinflusst nicht nur die visuelle Wahrnehmung, sondern auch die geistige Weitsichtigkeit. Das ist besonders im beruflichen Umfeld wichtig. Wenn man nur die eigenen Interessen sieht und nicht, was links und rechts von einem passiert, ist die persönliche und berufliche Weiterentwicklung eingeschränkt. Je mehr ich bewusst wahrnehme, was um mich herum geschieht, umso besser und gezielter kann ich darauf reagieren.

Auch in der Schule ist es von enormem Vorteil, wenn man im Unterricht mehrere Informationen gleichzeitig aufnehmen kann, egal in welchem Bereich des Klassenzimmers der Lehrer gerade unterrichtet. Ein Beispiel: Der Lehrer steht seitlich im Klassenzimmer und erklärt einen Sachverhalt, der vorne an der Tafel steht. Der Schüler kann dann das Geschriebene lesen und gleichzeitig die Gestik und Mimik des Lehrers wahrnehmen. Er erhält somit mehrere wesentliche Informationen über ein und denselben Sachverhalt. Natürlich lässt sich diese Tatsache auch bei der beruflichen Weiterbildung, zum Beispiel in Seminarsituationen oder in Meetings, nutzen.

Beim Sport ist die Orientierung vor allem in Mannschaftssportarten von hoher Bedeutung. Immer wieder hört man zum Beispiel im Fußball: »Der Spieler hat eine gute Übersicht.« Das bedeutet, dass der Spieler sich auf dem Spielfeld sehr gut orientieren kann und seine Mitspieler und Gegner aufgrund seines großen Blickfeldes gut wahrnimmt. Ein solcher Spieler kann somit schneller und besser auf Veränderungen der Spielsituation reagieren als der Spieler, dem durch sein eingeschränktes Blickfeld viele Informationen fehlen.

Immer das Ziel vor Augen haben

Können Sie sich wirklich auf einen Punkt konzentrieren, absolut? Oder fällt Ihnen das schwer, und Sie schweifen bereits nach kurzer Zeit ab – nicht nur mit den Augen, sondern auch gedanklich? Bogenschützen oder Bowlingspieler zum Beispiel konzentrieren sich nur auf ihr Ziel. Sie fixieren es allein über die Augen. Es wird im wahrsten Sinn des Wortes nicht mehr »aus den Augen gelassen«, egal was passiert. Ob der Anlauf beim Bowling-Spieler oder die Spannung und der Abschuss beim Bogenschützen – die Körperbewegung beachten beide nicht mehr. Sie sind sich absolut sicher, dass die Bewegungen automatisch und richtig ablaufen und können sich so voll und ganz auf ihr Ziel konzentrieren.

Wie sieht das in Ihrem beruflichen Alltag aus? Konzentrieren Sie sich nur auf das Ziel oder auch auf jede noch so kleine Bewegung auf dem Weg?

Zielorientiertes Denken und Arbeiten ist nur möglich, wenn Sie die Fähigkeit besitzen, sich zu konzentrieren. Egal was auch immer um Sie herum passiert. Ob das Telefon Ihrer Kollegin klingelt oder auf der Straße ein Hupkonzert stattfindet – Sie bleiben voll und ganz auf Ihre Aufgabe konzentriert. Menschen, die das können, gelangen in wesentlich kürzerer Zeit zu einem außergewöhnlich guten Ergebnis als andere, die sich wegen dauernder Unterbrechungen nur mühsam zu einem durchschnittlichen Ergebnis durchringen. Noch dazu sind sie völlig geschafft, während die anderen ihren Erfolg auch noch konzentriert genießen können. Denn sie handeln nach dem Credo: Mein ganzes Tun und Handeln richtet sich nach dem Ziel, das ich vor Augen habe.

> **Wer große Ziele** hat, sollte sie ohne Umwege verfolgen.
> Sprichwort der Sioux Indianer

Ein Ziel kann durch klares Anvisieren schneller erreicht werden. Auf den Körper bezogen heißt das: Verbessern wir unsere Augenfixierung, können wir unsere beruflichen Ziele schneller und effektiver erreichen.

Im Beruf wie auch in der Schule können wir uns durch das Augentraining besser auf eine Aufgabe konzentrieren. Gleichzeitig können wir dem Unterricht (oder einem Meeting) weiter folgen. Auch beim Sport verbessert sich unsere Leistung, denn bei jeder Sportart gibt es ein Ziel, das man erreichen möchte. Der Pass beim Fußball beispielsweise ist ein Ziel, das möglichst exakt getroffen werden soll.

Mit Hilfe der Augenfixierung können wir unsere Ziele besser und ohne große Umwege erreichen – in allen nur denkbaren Bereichen.

Das starke Auge bestimmt die Sitzposition

So wie jeder Mensch eine Hand bevorzugt, hat jeder auch ein Auge, mit dem er sozusagen lieber schaut. Ganz einfach lässt sich dies testen, indem Sie ein Blatt Papier vor sich auf den Tisch legen. Bei manchen Menschen liegt dieses Blatt etwas weiter rechts, bei anderen etwas weiter links – in den seltensten Fällen wirklich hundertprozentig in der Mitte. Doch nicht nur beim Lesen, sondern besonders auch bei der Einschätzung von Entfernungen verlassen wir uns auf unser starkes Auge.

Ein jeder Kampf dreht sich um unterschiedliche Blickwinkel, die allesamt dieselbe Wahrheit beleuchten.
Mahatma Gandhi

Wenn wir in einen Raum kommen, setzen wir uns, wenn möglich und völlig automatisch, immer so, dass unser starkes Auge weiter nach vorne kommt. In Seminaren, Besprechungen oder Meetings werden sich Teilnehmer automatisch so platzieren, dass ihr starkes Auge bestmöglich sehen kann. Hat jemand rechts sein starkes Auge, wird er seinen Platz so wählen, dass sein rechtes Auge näher beim Referenten ist als das linke. Ist dies nicht möglich, sprich sind die Sitzplätze vergeben oder werden bestimmt, tun sich viele Teilnehmer allein deshalb schwerer, konzentriert zu folgen. Sie sind angespannt, um die »falsche« Augenstellung bzw. Sitzposition auszugleichen. Auch am Arbeitsplatz ist es wichtig, wie die Dinge angeordnet sind, wo beispielsweise der Computer steht. Je nach Augendominanz und Ausrichtung kann sich die Leistungsfähigkeit merklich verschlechtern oder aber verbessern. Eine falsche Anordnung führt zu einer ständigen Anspannung im Körper, die aufgrund der notwendigen Korrekturbewegungen entsteht. Häufig resultieren daraus nicht nur Konzentrationsprobleme, sondern auch gesundheitliche Beeinträchtigungen. Wenn wir den Bereich der Augen ausgleichen, vermindern sich die Verspannungen, und wir können sehr viel entspannter an die Arbeit gehen.

Dies gilt auch für den Unterricht in der Schule. Stimmt der Sitzplatz nicht, ist der Schüler unkonzentriert. Es fällt ihm schwerer, den Ausführungen des Lehrers aufmerksam zu folgen und die wesentlichen Inhalte aufzunehmen. Lernschwierigkeiten können also durchaus vom Sitzplatz und der Augendominanz abhängen. Sobald hier die visuelle Wahrnehmung verbessert wird, ist das Lernen im Unterricht entspannter und fällt deutlich leichter.

Im Sport lässt sich die Verbesserung am besten an einem Beispiel aus dem Fußball erklären. Besitzt ein Fußballspieler ein rechtsdominantes Auge und spielt auf der rechten Seite des Spielfeldes, ist sein dominantes Auge immer vom Spielfeld abgewandt. Dies bedeutet, dass er seinen gesamten Bewegungsablauf verändern muss, um sein rechtsdominantes Auge ins Spiel zu bringen. Da vor allem die Entfernungseinschätzung beeinträchtigt ist, unterlaufen ihm mehr Fehlpässe, und er übersieht Mitspieler auf der linken Spielfeldhälfte. Würde dieser Spieler auf der linken Seite spielen, wäre sofort eine Verbesserung seiner Leistung sichtbar. Gleichen wir durch ein Training diese Augendominanz gezielt aus, müssen sich die Bewegungsabläufe nicht mehr nach dem dominanten Auge richten. Der Energie- und Kraftaufwand sinkt und führt unmittelbar zu einer merklich verbesserten Leistung. Dies ist ein wichtiger Punkt zum Aufbau von Reserven für die sportliche Leistung.

3.4 Praxisteil: Übungen für die Augen

Das Training für die Augen wirkt direkt auf unsere visuellen Wahrnehmungszentren im Gehirn. Die Anstrengung ist daher sofort spürbar.

Häufig kommt es zu Brennen in den Augen, zu gesteigertem Tränenfluss oder gar zu leichten Kopfschmerzen, die vor allem durch einen Druck im Hinterkopf spürbar sind. Dort befindet sich laut Gehirnforschung unser Zentrum für visuelle Wahrnehmung.

Beim Augentraining werden immer wieder Komponenten aus dem Bewegungstraining mit eingefügt. Eine Trainingseinheit von 45 Minuten nur für die Augen wäre von der Wirkung zu intensiv. Aus diesem Grund besteht ein Augentraining immer aus drei Trainingsabschnitten:

- **15–20 Minuten Augentraining**
- **10–15 Minuten Bewegungstraining**
- **15–20 Minuten Augentraining**

Was muss ich bei den Übungen beachten ?

- Üben Sie nur einmal pro Woche.
- Zwischen den einzelnen Übungstagen sollen mindestens sechs Tage Pause liegen.
- Die Übungsdauer beträgt mindestens 30 Minuten.
- Üben Sie immer in Kombination mit Übungen aus dem Bewegungsteil.
- Haben Sie Spaß und denken Sie daran: Immer wenn Sie verwirrt sind, lernt Ihr Gehirn etwas Neues.

Nach einem Augentraining brauchen Sie auch noch etwas Zeit, um die Impulse, die Sie damit setzen, zu verarbeiten. Ihr Gehirn benötigt je nach Trainingsdauer mindestens zwölf Stunden, um die Entwicklung der visuellen Wahrnehmung neu zu sortieren. In dieser Zeit sollten keine wichtigen Termine oder Besprechungen stattfinden.

Auch das Autofahren kann zu einer Herausforderung werden. Denken Sie daran, dass Ihre visuelle Wahrnehmung deutlich verbessert ist und Sie Dinge anders wahrnehmen als bisher. Beim Autofahren hat man dann zum Beispiel oft das Gefühl, die Leitplanke kommt einem entgegen.

Übung 1 – Beschreibung:

Für diese Übung benötigen Sie eine längere freie Strecke von mindestens fünf Metern zum Gehen. Je länger die Strecke ist, umso effektiver ist das Training. Bei kürzeren Strecken müssen Sie die Übung mehrmals wiederholen.

Während des gesamten Übungsablaufs sollten Sie darauf achten, dass Sie Ihren Kopf gerade halten und nur Ihre Augen in die entsprechende Richtung bewegen.

Am Anfang empfiehlt es sich, die Hände zur Unterstützung der Kopfhaltung einzusetzen.

Insgesamt werden die acht folgenden Augenstellungen trainiert:

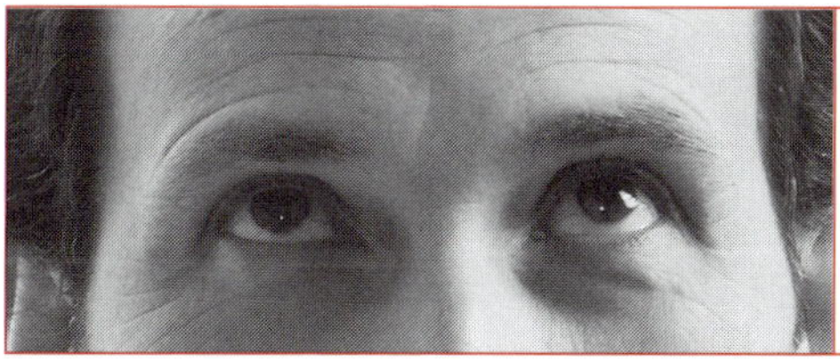

Augenstellung oben

1

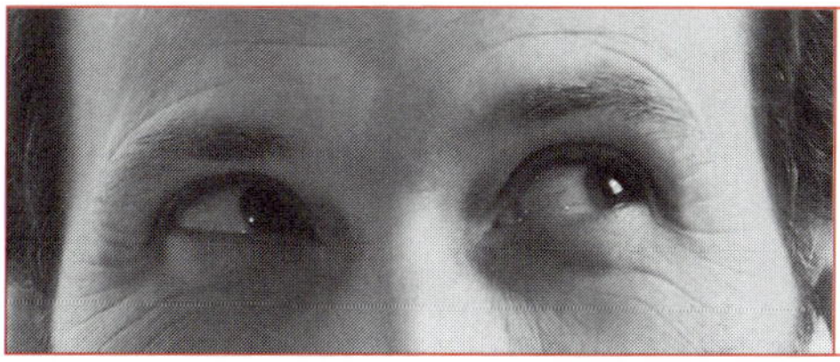

Augenstellung links-oben

2

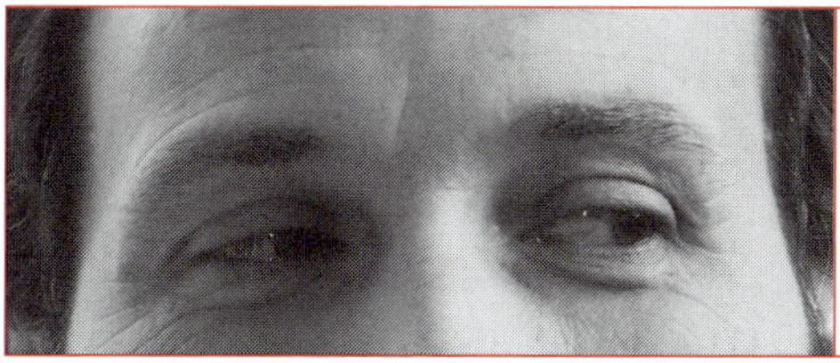

Augenstellung links

3

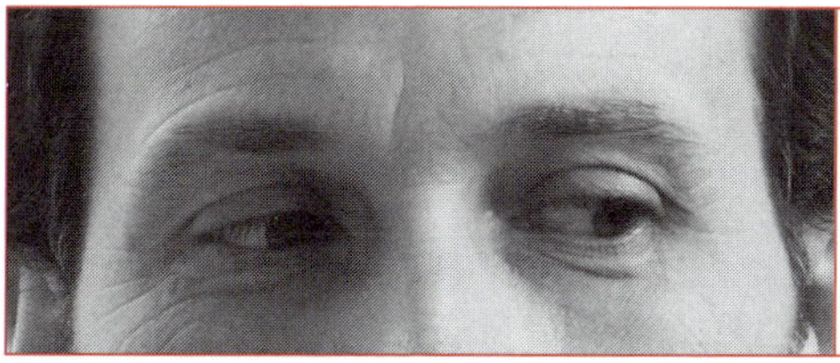

Augenstellung links-unten

4

5 Augenstellung unten

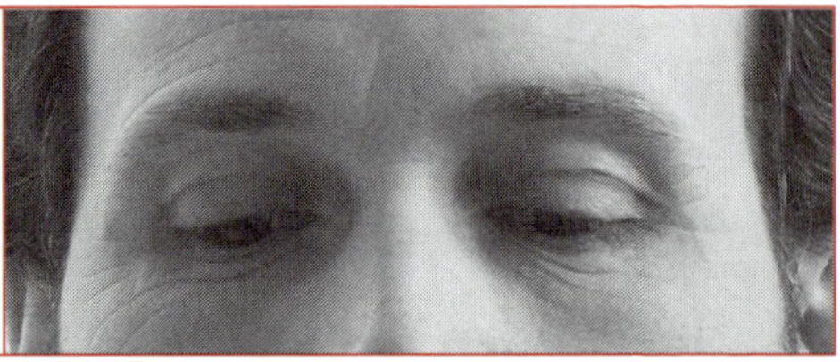

6 Augenstellung rechts-unten

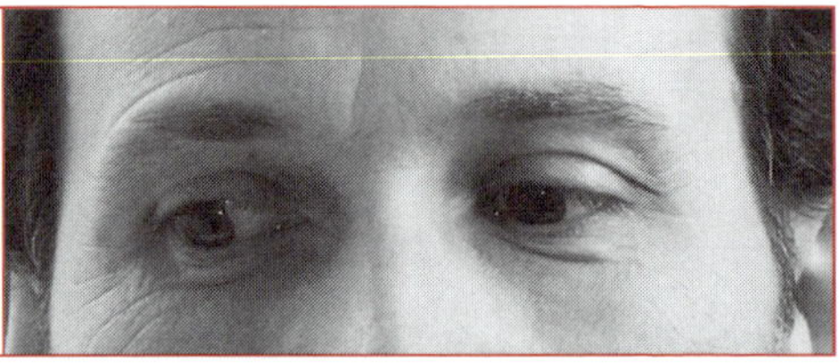

7 Augenstellung rechts

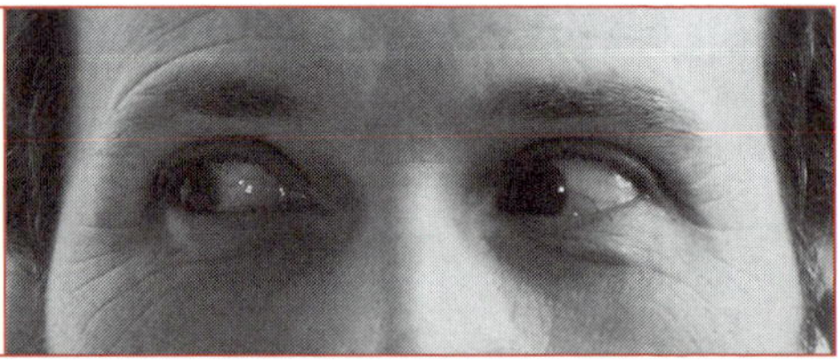

8 Augenstellung rechts-oben

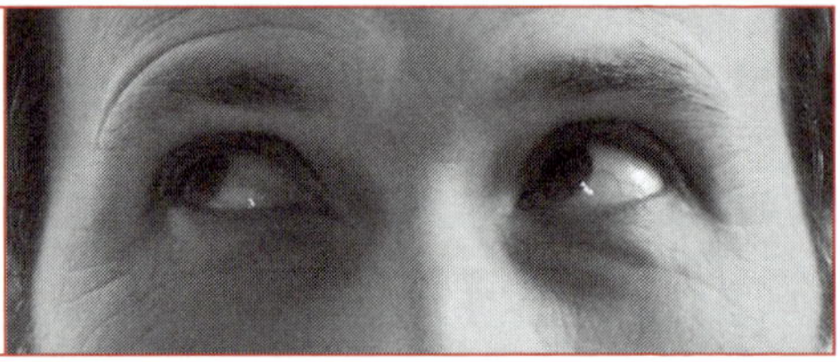

1

Übung 1 – Ablauf:

Sie stehen am Ausgangspunkt der Strecke, die Sie gehen möchten. Halten Sie den Kopf gerade. Nehmen Sie die Augenstellung oben ein, indem Sie mit beiden Augen nach oben blicken. Gehen Sie jetzt die Strecke in Ihrem normalen Schritttempo ab. Achten Sie darauf, dass Sie den Kopf gerade halten und die Stellung der Augen nicht verändern. Am Ende der Strecke drehen Sie sich und nehmen die nächste Augenstellung ein.

Gehen Sie nun die Strecke so oft hin und her, bis Sie alle acht Augenstellungen einmal eingenommen haben.
Diese Übung können Sie drei bis fünf Mal wiederholen. Je kürzer die Strecke ist, die Sie gehen, umso öfter müssen Sie die Übung wiederholen.

1.1 Tempovarianten

Übungsablauf wie unter 1. Sie steigern aber bei jedem Durchgang das Tempo, bis Sie bei einem leichten Dauerlauf angekommen sind.

1.2 Rückwärts gehen

Übungsablauf gleich wie unter 1. Sie gehen aber während der Übung rückwärts. Hierbei können Sie ebenfalls Tempovarianten einfügen.

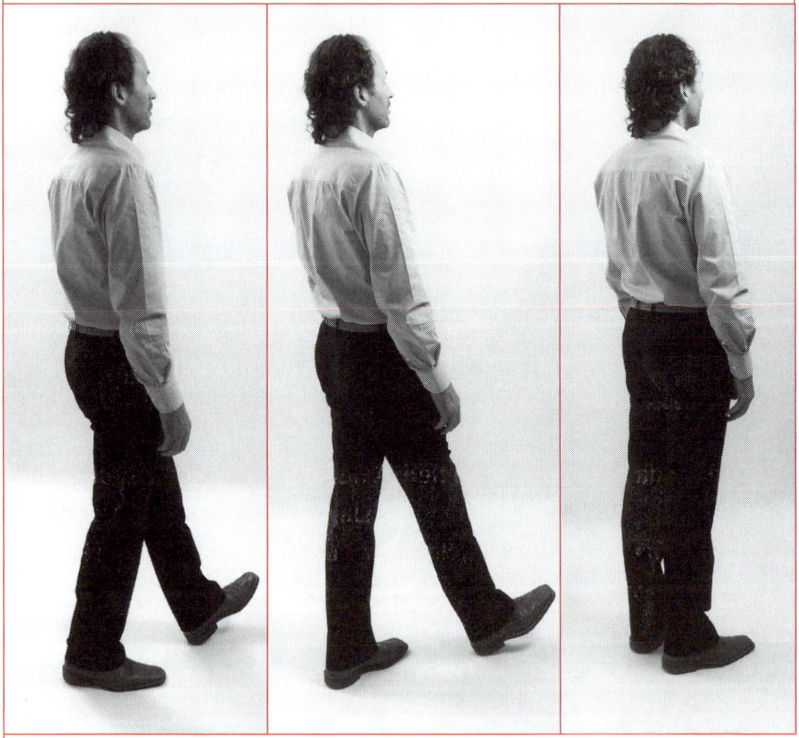

1.3

Seitlich gehen

Übungsablauf gleich wie unter 1. Sie gehen aber seitlich. Wenn Sie nach rechts gehen, kreuzt das linke Bein vor dem rechten.

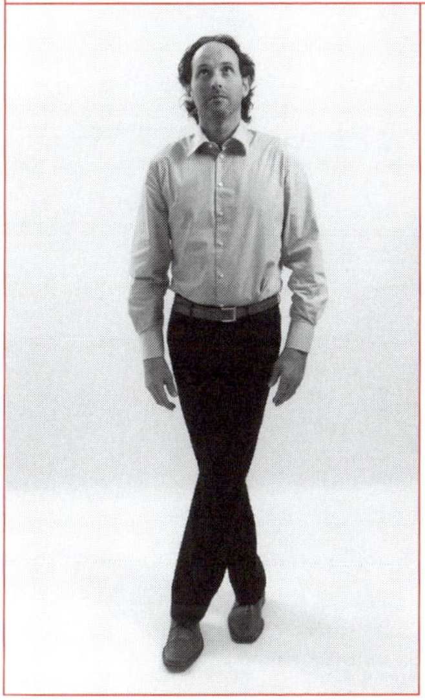

Wenn Sie nach links gehen, kreuzt das rechte Bein vor dem linken.

Übung 2 – Beschreibung:

Für diese Übung benötigen Sie einen Laserpointer. Stellen Sie sich vor eine möglichst leere Wand und halten Sie den Laserpointer vor dem Bauchnabel in der Hand. Den Laserstrahl richten Sie an die Wand.

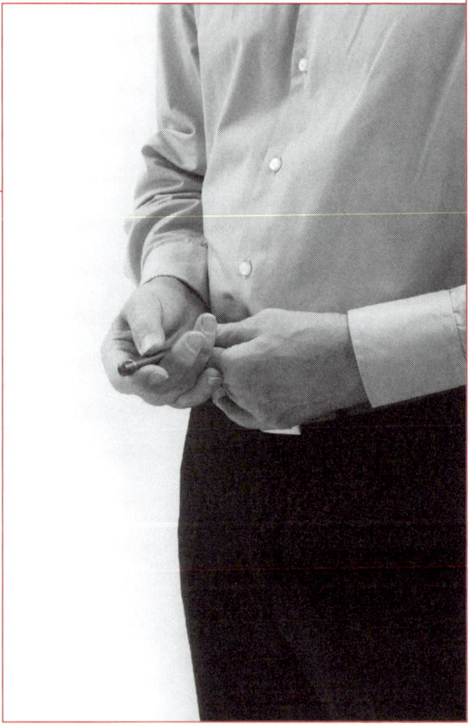

Übung 2 – Ablauf:

Bewegen Sie den Laserstrahl an der Wand, und verfolgen Sie ihn mit den Augen, ohne den Kopf zu bewegen.

Bewegen Sie den Laserstrahl vertikal in der Mitte der Wand auf und ab. 1

Bewegen Sie den Laserstrahl vertikal an der linken Seite der Wand auf und ab. 2

Bewegen Sie den Laserstrahl vertikal an der rechten Seite der Wand auf und ab. 3

Bewegen Sie den Laserstrahl horizontal in der Mitte der Wand von links nach rechts und zurück. 4

5 Bewegen Sie den Laserstrahl horizontal unten an der Wand von links nach rechts und zurück.

6 Bewegen Sie den Laserstrahl horizontal oben an der Wand von links nach rechts und zurück.

7 Bewegen Sie den Laserstrahl diagonal von links unten nach rechts oben an der Wand und zurück.

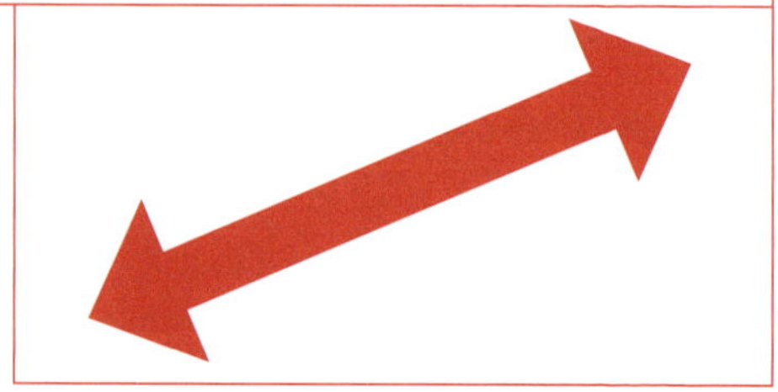

8 Bewegen Sie den Laserstrahl diagonal von rechts unten nach links oben an der Wand und zurück.

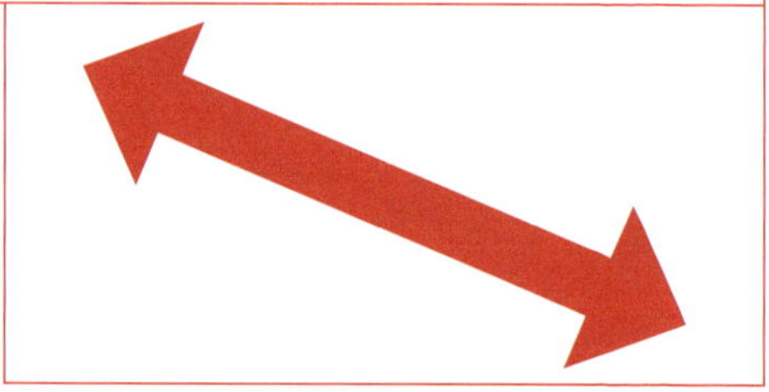

Abstand vergrößern

2.1

Übungsablauf wie bei 2. Sie verändern aber den Abstand zur Wand. Beginnen Sie mit einem Abstand von circa einem Meter, und führen Sie alle Richtungen mit dem Laserstrahl aus. Danach gehen Sie einen Schritt zurück und führen wieder alle Richtungen mit dem Laserstrahl aus. Dies wiederholen Sie, bis Sie nicht mehr weiter zurück können.

Abstand verkleinern

2.2

Übungsablauf wie bei 2. Sie beginnen aber jetzt mit dem größtmöglichen Abstand und gehen immer einen Schritt nach vorne, nachdem Sie alle Richtungen mit dem Laserstrahl ausgeführt haben.

Vor und zurück gehen

2.3

Übungsablauf wie bei 2. Sie bleiben jetzt aber nicht an einer Stelle stehen, während Sie den Laserstrahl an der Wand in eine Richtung bewegen, sondern gehen vor und zurück. Hierbei beobachten Sie den Laserstrahl ständig mit den Augen. Führen Sie diese Übung mit allen Richtungen des Laserstrahls aus.

Tempovarianten

2.4

Übungsablauf wie bei 2. Gehen Sie bei jeder Richtung etwas schneller.

1

2

3

4

Entwicklungspotenziale für die Zukunft

Die **menschliche Entwicklung** ist innerhalb der letzten Jahrhunderte in rasanten Schritten vorangegangen. Der Fortschritt in Bezug auf technische Weiterentwicklung und Modernisierung bringt viele Chancen mit sich, birgt aber auch Gefahren und Risiken, die wir leicht aus den Augen verlieren.

5

6

Wir Menschen sind ein Teil der Natur. Leider spüren wir das oft nicht mehr und entfernen uns immer mehr von ihr. Doch die Natur kann gut ohne uns leben – aber wir Menschen nicht ohne sie. Je mehr wir uns von ihr entfernen, desto mehr Blockaden können uns in unserem täglichen Leben beeinträchtigen und unseren Organismus und damit unsere geistige und körperliche Entwicklung behindern.

4.1 Stressfaktoren erkennen und ausgleichen

Die gesellschaftliche Entwicklung bringt an vielen Stellen Wettbewerb und Konkurrenz mit sich, statt Gemeinsamkeit und partnerschaftliches Denken zu fördern. Das kann bei der Entwicklung von Kindern, aber auch von Erwachsenen zu emotionalen Blockaden führen. Kinder werden bereits in der Schule durch Prüfungen und gesellschaftliche Erwartungen unter massiven Druck gesetzt, dem sie zum Teil nicht mehr standhalten können. Dieser Druck kommt von Eltern, Lehrern, Freunden und Bekannten, die mehr oder weniger bewusst bestimmte Erwartungen an sie stellen und ihnen Ziele setzen, die sie zu diesem Zeitpunkt eventuell noch gar nicht erfüllen können.

Auch die familiäre Situation kann sich als Blockade für die Entwicklung von Kindern und deren Persönlichkeit erweisen. Das Zusammenleben innerhalb einer Großfamilie funktioniert oft nicht mehr. Viele legen mehr Wert auf ihren eigenen Vorteil und individuelle Selbstverwirklichung als auf die Bindung zur Familie. Auch das Verhältnis zu Nachbarn, Freunden und Bekannten wird zum Teil distanzierter. Wir brauchen inzwischen sogar immer neue gesetzliche Regelungen, um Streitigkeiten unter Nachbarn zu regeln.

Viele von uns erleben die Menschen um sich herum immer mehr als belastend. Trotzdem verharren sie in den Zwängen, denen sie sich auf Grund von familiären oder freundschaftlichen Verbindungen aussetzen – und werden dabei krank. Denken wir nur an Familienfeste, bei denen man sich zwei- oder dreimal jährlich trifft, obwohl man mit diesen Menschen unter anderen Umständen nie etwas unternehmen würde. Da sie aber zur Familie gehören, fühlt man sich gezwungen hinzugehen. So entstehen Strukturen, an denen sich der Einzelne ausrichtet, ohne dass sie ihm entsprechen. Damit wird die Persönlichkeit der Familienmitglieder unterdrückt und somit die Entwicklung innerhalb des ganzen Familien- und Verwandtenkreises behindert. Ein individuelles Training kann hier wieder zu persönlicher Flexibilität und einer Entwicklung zum Wohle aller Beteiligten führen.

Man entscheidet, wie das Leben aussehen soll, und dann **erschafft man dieses Leben**.
David Bowie

Mobbing vernichtet menschliche Energie

Im beruflichen Umfeld ist zunehmend Mobbing ein Thema. Immer mehr Menschen werden von Vorgesetzten und/oder Kollegen mit zum Teil gemeinen und hinterhältigen Methoden so lange »bearbeitet«, bis sie krank werden, die Kündigung einreichen und den Arbeitsplatz verlassen. In vielen Firmen herrscht heute statt einer Kultur des Miteinanders eine Ellbogenmentalität. Doch mit dieser ist unsere Gesellschaft auf Dauer nicht überlebensfähig. Denn auch im beruflichen Alltag sollte der Mensch im Mittelpunkt stehen.

Der Erfolg von Firmen wird in Zukunft immer mehr davon abhängen, dass sich die Mitarbeiter in ihrem Job wohl fühlen und gerne an ihren Arbeitsplatz gehen, und nicht, dass sie arbeiten, weil sie vor irgendwelchen Sanktionen oder unangenehmen Reaktionen ihrer Kollegen oder Vorgesetzten zittern müssen. Das SANAKinetik-Trainingsprogramm kann hier unterstützend wirken und fördert ein geistig flexibleres Arbeiten und Miteinander.

Dem Elektrosmog die Stirn bieten

Eine externe Belastung, die stark zunimmt und unseren Organismus und unsere geistige Leistungsfähigkeit behindert, ist der Elektrosmog. Immer mehr Computer, Fernsehgeräte, Handys und andere interaktive Kommunikationsmöglichkeiten führen dazu, dass die Elektrosmog-Belastung innerhalb der Gesellschaft weiter steigt.

Wenn ich in meiner Beratungstätigkeit zurückblicke, war vor fünf bis sechs Jahren im Durchschnitt ein Klient pro Woche bei mir, der an Elektrosmog-Belastungen litt und Symptome wie zum Beispiel Tinnitus oder Kopfschmerzen hatte.

Heute kommt im Schnitt mindestens ein Klient am Tag, der an Elektrosmog-Belastungen leidet. Gleichzeitig hat sich die Bandbreite der möglichen Beschwerden deutlich erhöht. Es geht heute nicht mehr nur um Tinnitus oder Kopfschmerzen, sondern die Symptome reichen von Gelenkentzündungen über Augenentzündungen bis hin zu Entwicklungsstörungen bei Kindern. Fast jedes gesundheitliche Problem kann mit Elektrosmog zusammenhängen.

Nehmen wir zum Beispiel ein Klassenzimmer, in dem sich dreißig Schüler aufhalten, von denen heute schon in der siebten Klasse jeder ein Handy besitzt.

Das Handy befindet sich bei jedem Schüler in der Schultasche, lautlos gestellt. Dreißig Handys, die ständig Kontakt zum Netz suchen, die ständig eine Funkverbindung innerhalb des Klassenzimmers herstellen, führen dazu, dass es immer mehr Konzentrationsprobleme, Lernschwierigkeiten und Aufmerksamkeitsprobleme innerhalb der Klasse gibt. Diese enorme Belastung, der die Schüler und Lehrer ausgesetzt sind, führen zu steigenden gesundheitlichen Problemen und zusätzlichen schulischen Herausforderungen für beide Seiten.

Das Gleiche gilt aber auch für Besprechungen oder Seminare, bei denen die Seminarteilnehmer ihre Handys auf lautlos gestellt haben, statt sie auszuschalten.

Als ganz besondere Gefahr für den beruflichen Bereich sehe ich die Entwicklung im Bereich des Wireless LAN, bei dem Computer per Funkverbindung miteinander kommunizieren. Es wird in Zukunft sehr wichtig werden, einen persönlichen Schutz vor Elektrosmog aufzubauen, um den eigenen Organismus zu schützen.

Aus meiner Sicht sind die Gefahren, die von Elektrosmog ausgehen, noch nicht ausreichend bekannt. Sie werden aber ein Ausmaß annehmen, das wir uns heute noch nicht vorstellen können.

Damit unser Organismus mit den Strahlungen und Schwingungen des Elektrosmog zurechtkommen kann, brauchen wir vor allem einen sehr guten Wasserhaushalt.

Doch der Flüssigkeitshaushalt ist bei den meisten Menschen zu niedrig. Wer von uns trinkt tatsächlich zwei bis drei Liter reines Wasser am Tag? Leider sehr, sehr Wenige. Doch ein ausgeglichener Flüssigkeitshaushalt wirkt positiv auf viele wichtige Funktionen in unserem Organismus. Und er bietet einen wirksamen Schutz vor Elektrosmog-Belastungen.

Der Mensch ist, was er isst

Wichtig sind natürlich auch unsere Ernährungsgewohnheiten. Wir alle essen heutzutage im Überfluss. Es gibt Aussagen darüber, dass ein Drittel der aufgenommenen Nahrung pro Tag ausreichen würde, um unseren Organismus leistungsfähig und am Leben zu erhalten.

Das heißt, zwei Drittel unserer Nahrung sind unnötig und reiner Genuss – und somit eigentlich nicht notwendig. Bei der

Qualität unserer Nahrung spielen vor allem deren Degeneration und toxische Belastung eine entscheidende Rolle. Der Anteil an Vitaminen und Enzymen in der Nahrung geht durch die Art des Anbaus und durch die toxische Belastung immer weiter zurück. Um auf Dauer ein Defizit zu vermeiden, kommen wir über kurz oder lang nicht umhin, gewisse Nahrungsergänzungen, die rein biologisch und natürlich hergestellt werden, zu uns zu nehmen.

Hier könnte jeder von uns einen großen Beitrag leisten, indem er beim Kauf wieder mehr auf Qualität und nicht auf Quantität achtet. Denn bessere Nahrungsmittel nähren uns und versorgen unseren Organismus besser.

Wenn die Bewegung fehlt ...

Ein entscheidender Faktor für das optimale Zusammenspiel von Körper und Gehirn ist die persönliche Entwicklung, vor allem in unserer Kindheit. In der heutigen Zeit fehlt vielen von uns die Bewegung. Wir bewegen uns zu wenig, und falls doch, dann meist zu einseitig. Viele betreiben Sport, aber eine richtige Schulung des eigenen Körpers findet beinahe nicht mehr statt.

Vor allem für die kindliche Entwicklung sind sehr viele Bewegungsinformationen notwendig, damit das geistige Potenzial sich richtig entfalten kann. Jede Bewegung, die wir durchführen, muss von unserem Gehirn gesteuert werden. Und je mehr Bewegungsmuster wir zur Verfügung haben, umso leistungsfähiger ist natürlich auch unser Gehirn. Die Bewegung kommt bei Kindern heute aber auf Grund von TV-Konsum, Computerspielen, Gameboys und so weiter meistens zu kurz. Dadurch fehlen dem Gehirn wichtige Impulse, die es für seine Entwicklung benötigt.

Das Gleiche gilt aber auch für uns Erwachsene: Wir führen täglich die gleichen Tätigkeiten und Bewegungsmuster aus, ohne unseren Körper neu zu fordern und ihm dadurch Impulse zu geben, die für ihn wichtig sind.

4.2 Persönlichkeitsentwicklung durch Auflösen von Blockaden

Eine entscheidende Rolle für unsere Entwicklung spielen die unterschiedlichen Materialien, mit denen wir im Alltag umgehen. Spielen Kinder jeden Tag mit den gleichen Spielsachen aus den gleichen Materialien, erhalten sie über ihren Tastsinn auch immer nur die gleichen Eindrücke. Überlebenswichtige Sinne, allen voran der Tastsinn, verkümmern damit nach und nach.

Unser Organismus richtet sich zunehmend darauf aus, überwiegend mit den Augen wahrzunehmen. Und das, obwohl gerade das Fordern und Fördern der vielfältigen Sinneswahrnehmungen für unsere schulische wie auch berufliche Leistungsfähigkeit entscheidend ist.

In unserer heutigen recht eindimensional geprägten Leistungsgesellschaft achten wir oft nicht mehr darauf, ob ein Kind auditiv, kinästhetisch oder visuell lernt. So kann es passieren, dass ein intelligentes Kind schlecht in der Schule ist, weil es den Stoff nicht so dargeboten bekommt, wie es für den eigenen Wahrnehmungskanal am besten wäre.

Wer aufhört,
besser zu werden,
hat aufgehört,
gut zu sein.
Phillipp Rosenthal

Auditive Kinder benötigen zum Beispiel immer einen hörbaren Reiz, um das Gehirn überhaupt zu öffnen und für das Lernen bereitzumachen. Kinder, die bei den Hausaufgaben oder beim Lernen Musik hören, oder Menschen, die bei der Arbeit ständig Musik im Hintergrund laufen haben, benötigen diesen auditiven Reiz, um überhaupt geistig leistungsfähig zu sein. Verbieten wir nun das Hören von Musik, Hörspielen oder anderen Geräuschen, verschließen wir den Lernkanal. Ein Kind ist dann nicht mehr in der Lage, richtig zu lernen; der Erwachsene kann sich nicht mehr voll und ganz auf seine Arbeit konzentrieren.

Wenn wir aber alle unsere Sinne gleichmäßig und gleich gut einsetzen können, benötigen wir solche Hilfsbrücken nicht mehr. Uns ist es dann egal, in welcher Weise wir den zu lernenden Stoff oder die zu erfüllende Aufgabe dargeboten bekommen. Wir können unsere Sinne allumfassend einsetzen und somit unsere Leistung um ein Vielfaches steigern.

Blockaden erkennen – Veränderungen durchführen

Für die eigene Persönlichkeitsentwicklung ist es wichtig, seine individuellen Blockaden zu kennen, um entsprechend reagieren zu können. Es ist entscheidend zu wissen, was uns an unserer Entwicklung hindert. Erst wenn wir das wissen, können wir diese Hindernisse gezielt beseitigen.

Wir können eine Entwicklung nur fördern oder eine Krankheit nur heilen, wenn wir etwas verändern. Sobald unsere Entwicklung stillsteht oder wenn wir krank werden, sind wir blockiert. Wir müssen diese Blockade lokalisieren, um sie dann zu lösen. Die notwendige Veränderung kann uns jedoch niemand abnehmen. Wir müssen sie selbst in Angriff nehmen.

Anhand der Fortschritte während eines Trainingsprogramms zur Gehirnintegration erkennt man, ob und in welchem Bereich individuelle Blockaden vorliegen. Über ein spezielles Testverfahren lässt sich dann genau herausfinden, wo die Blockaden sitzen, um gezielt mit dem Training ansetzen zu können. Für die persönliche Entwicklung ist es notwendig, diese Blockaden parallel zum Training zu beseitigen.

Gelassener mit schwierigen Situationen umgehen

Wenn die persönlichen Blockaden in Harmonie mit dem Trainingsprogramm zur Steigerung der körperlichen und geistigen

Leistungsfähigkeit gelöst werden, hat das deutlich spürbare Wirkungen. So reduziert sich zum Beispiel der subjektiv empfundene emotionale Stress. Unser emotionales Gleichgewicht hängt weniger von äußeren Faktoren ab, und wir gehen gelassener und ruhiger mit bestimmten Situationen um. Auch körperlich entspannen wir, da wir über die Bewegung die in der Muskulatur gespeicherten Stresshormone abbauen. Somit findet nicht nur unser Gehirn, sondern auch unsere Muskulatur zu Ruhe und Entspannung.

Indem wir neue Verbindungen innerhalb des Gehirns schaffen, verbessern wir die Konzentration. So sind wir physisch und psychisch wesentlich leistungsfähiger und empfinden bei gleich bleibenden emotionalen und körperlichen Belastungen weniger Stress. Gleichzeitig entdecken wir oft neue Talente. Indem wir diese fördern, entwickeln wir uns weiter und können alte Gedanken- und Verhaltensmuster verändern.

Sowohl in der Schule wie auch bei der Arbeit wird zunehmend selbstständiges Arbeiten gefordert. Das Training hilft dabei, einen solchen Arbeitsstil zu adaptieren. Im schulischen Bereich ebenso wie in Firmen führt es zu einer deutlichen Verbesserung des eigenen Arbeitsverhaltens. Unser Selbstbewusstsein steigt, und unsere innere Zufriedenheit nimmt zu. Wir bekommen wieder Spaß daran, Neues zu lernen, und finden heraus, auf was wir wirklich Lust haben.

Diese Erkenntnisse beruhen nicht nur auf den Erfahrungen aus tausenden von Einzelberatungen, sondern wurden auch von diversen Projekten bestätigt, die wir in Unternehmen, Schulen und in Kindergärten durchgeführt haben.

Wo auch immer wir mit dem Gehirn-Integrationstraining gearbeitet haben, konnten wir durchweg positive Ergebnisse erzielen.

4.3 Ergebnisse aus Praxisprojekten

Vor allem im Bereich der Firmen war das Ergebnis nach einem dreimonatigen Trainingsprogramm verblüffend. Vor der Durchführung des Projekts wurden die Mitarbeiter mittels Einzeltests und Fragebögen durchgecheckt. Die Firmenleitung hielt parallel dazu Kennzahlen zu Produktivität, Krankheitszeiten und Fehlerhäufigkeit fest.

Sowohl die Einzeltests vor und nach dem Dreimonatsprogramm als auch die Fragebögen und firmeninternen Statistiken ergaben deutlich positive Entwicklungen.

Der auf den Arbeitsplatz bezogene Test ergab, dass die teilnehmenden Mitarbeiter 74 negative Einflüsse am Arbeitsplatz identifizierten. Nach Durchführung des Trainingsprogramms waren es nur noch 40, obwohl keinerlei Veränderungen an den Arbeitsplätzen vorgenommen wurden. Mit Hilfe des Trainings verbesserte sich die physische und psychische Leistungsfähigkeit so weit, dass die Einflüsse am Arbeitsplatz den Organismus nicht mehr beeinträchtigten.

Die Auswertung der Fragebögen ergab außerdem, dass sich für die Mitarbeiter insgesamt 80 Probleme im gesundheitlichen Bereich, wie Rückenschmerzen, Kopfschmerzen, brennende Augen usw., aufgelöst hatten. Die Mitarbeiter gaben an, dass die Gesundheitsbelastungen, die sie direkt auf den Arbeitsplatz zurückführten, von 77 auf 48 gesunken seien.

Die Unternehmensstatistiken bestätigen dieses positive Bild: Der Krankenstand der teilnehmenden Mitarbeiter sank innerhalb der drei Monate von 6,5 auf 2 Prozent, obwohl das Training in der typischen »Grippe- und Infektzeit« zwischen Januar und März stattfand.

Ein weiteres wichtiges Ergebnis war, dass sich die durchschnittliche Fehlerquote bei den teilnehmenden Mitarbeitern von 32 Fehlern auf 14 Fehler reduziert hatte.

Die Mitarbeiter selbst vermuteten zunächst, dass sie wegen des Trainings schlicht weniger gearbeitet und aus diesem Grund weniger Fehler gemacht hätten. Tatsächlich aber war die Produktivität in diesem Zeitraum um mehr als zehn Prozent gestiegen.

Obwohl die Mitarbeiter also meinten, dass sie weniger gearbeitet hätten, hatten sie rund zehn Prozent mehr geleistet – und dabei auch noch über die Hälfte weniger Fehler gemacht.

Dieses Ergebnis zeigt, dass über eine Integration des Gehirns sämtliche Funktionen unseres Organismus verbessert werden können und unsere Leistungsfähigkeit sowohl im gesundheitlichen, körperlichen als auch geistigen Bereich zunimmt. Unsere

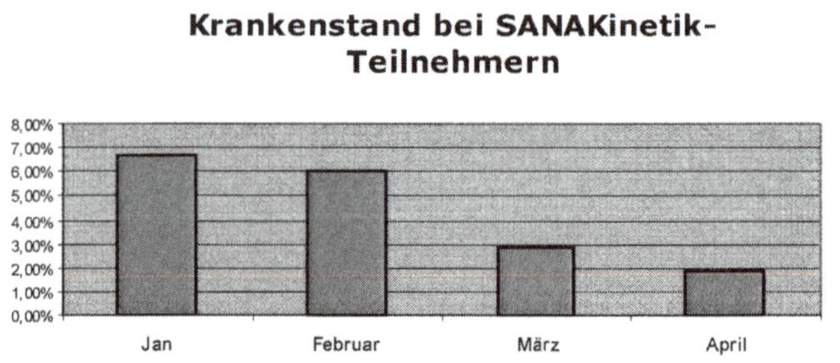

Auswertung von 28 Mitarbeitern aus Verwaltung und Produktion. Das Ergebnis beruht auf einem insgesamt besseren Gesundheitszustand.

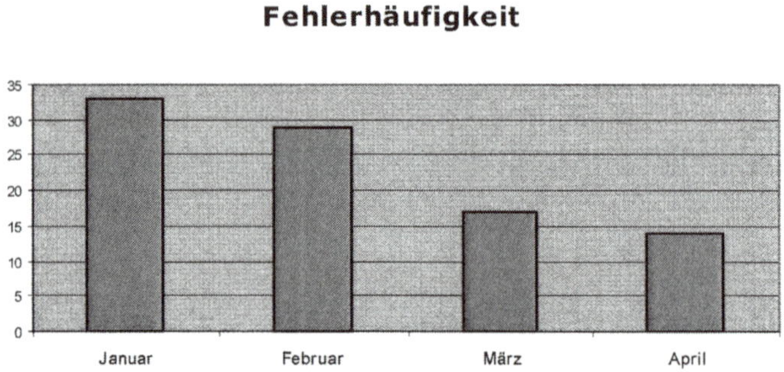

Im Bereich der Produktion hat das Unternehmen anhand der Stückzahlen sehr genau die Fehlerhäufigkeit bestimmt.

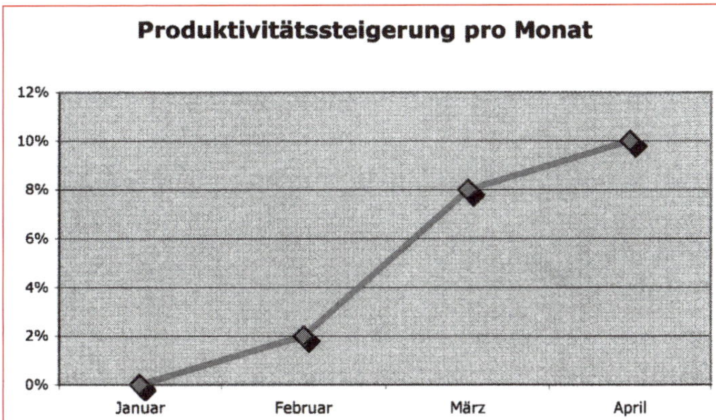

Der verringerte Krankenstand sowie der Rückgang der Fehler haben die Produktivität um 10 % gesteigert. Klar erkennbar ist hierbei, dass nach ca. vier Wochen die Wirkung des Programms einsetzt.

Sinne schärfen sich, und unser Organismus arbeitet effizienter. Solche erstaunlichen Ergebnisse werden aber nicht nur in Firmen erzielt, sondern genauso in Kindergarten- oder Schulprojekten.

Auswertung eines Kindergarten-Projekts

Das Gehirn-Integrationstraining wurde in den Kindergartenalltag eingebunden. Das Training fand einmal in der Woche statt. Eine Trainingseinheit dauerte circa 40 Minuten. Die Gruppengröße war auf maximal zwölf Kinder festgelegt; insgesamt

Auswertung von 23 Kindern getrennt nach Erzieherinnen und Eltern. Reihe 1 zeigt die Auswertung der Erzieherinnen. Reihe 2 zeigt die Auswertung der Eltern.

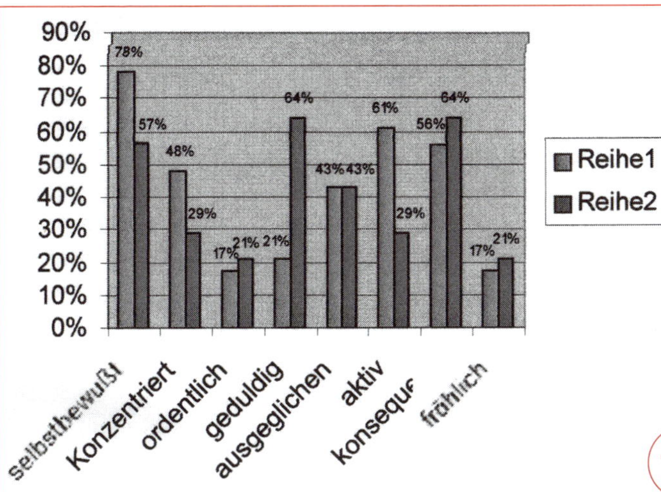

nahmen 23 Kinder an dem Projekt teil. Die Auswertung erfolgte auf Grund von Fragebögen, die Eltern und Erzieherinnen vor und nach dem Projekt ausfüllten. Die oben genannten Werte geben die Verbesserungen in Prozent an.

Auswertung eines Schulprojekts

Das Gehirn-Integrationstraining fand einmal in der Woche am Nachmittag außerhalb der Schulzeit statt. Eine Trainingseinheit dauerte circa 60 Minuten. Die Gruppengröße war auf maximal zwölf Schüler festgelegt. Die Schüler waren zwischen sieben und zehn Jahre alt. Insgesamt nahmen 68 Schüler an dem Projekt teil.

Auch hier wurden die Fragebögen ausgewertet, die die Eltern vor und nach dem Projekt ausfüllten. Die Zahlen geben die festgestellten positiven Veränderungen an.

Bei der Auswertung der Kindergarten- und Schulprojekte fällt vor allem auf, dass sich rund 80 Prozent der Kinder innerhalb

Veränderungen im schulischen Bereich

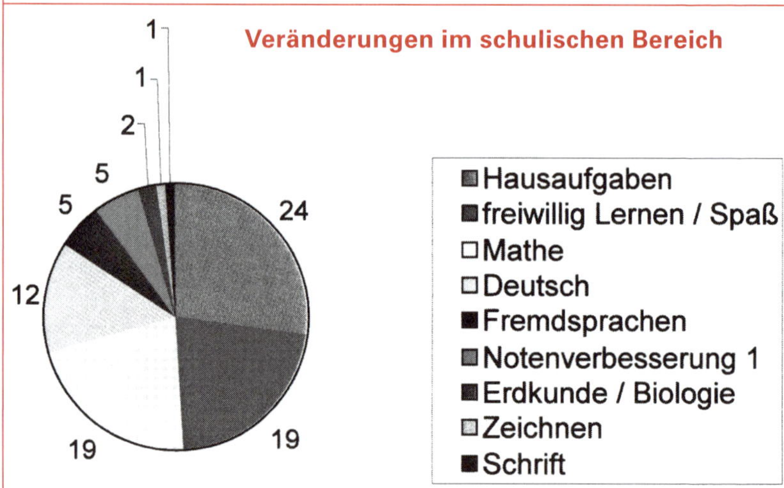

Auswertung von 68 Schülern durch Fragebögen der Eltern. Die Veränderung betreffen die Schüler gesamt. Viele Schüler hatten mehrere Veränderungen gleichzeitig, so dass die Gesamtzahl der Veränderung nicht mit der Zahl der teilnehmenden Schüler übereinstimmt.

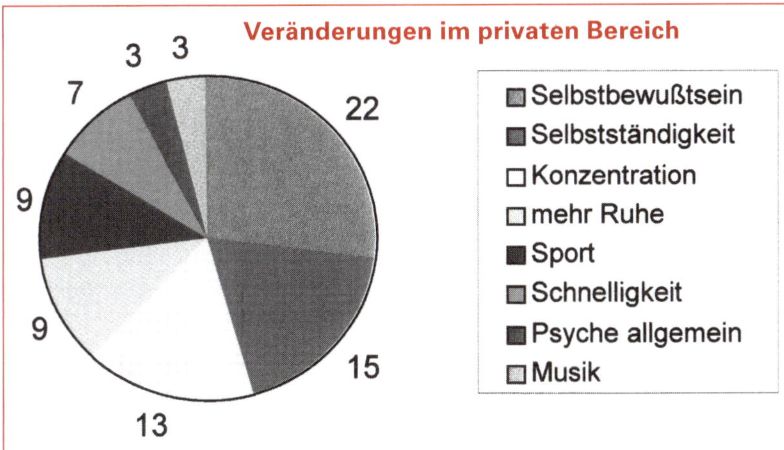

des zehnwöchigen Trainingsprogramms deutlich weiterentwickeln. Hierbei ist es nicht maßgebend, ob die Kinder ein- oder zweimal die Woche trainieren. Ein einmaliges Training von circa 45 bis 60 Minuten Dauer pro Woche reicht vollkommen aus, um eine positive Entwicklung der Kinder zu fördern. Bei den Kindern, bei denen keine Entwicklung stattgefunden hat, lag eine Blockade vor, wie sie in diesem Abschnitt bereits beschrieben wurde. Nach der Lokalisierung und dem Auflösen der Blockade fand auch bei diesen Kindern eine Entwicklung statt.

Während des Trainingsprogramms hat eine Vielzahl von Kindern einen so deutlichen Entwicklungssprung gemacht, dass klar ist, dass dieser nicht auf einem natürlichen Reifungsprozess beruht, sondern auf der tatsächlichen Zunahme ihrer geistigen Leistungsfähigkeit über die Gehirnintegration.

Die Entwicklung persönlicher Eigenschaften wie Selbstbewusstsein, Ordnungssinn, Ausgeglichenheit und eine höhere Konzentration führt früher oder später auch dazu, dass sich die schulischen Leistungen verbessern.

Doch das Ziel des Trainings für Schüler liegt nicht primär in der Verbesserung ihrer Noten. Vielmehr soll sich aus der Förderung der persönlichen Fähigkeiten heraus eine Verbesserung der Leistung ergeben.

5 Der Körper im Test

Dass man den **Körper über die Muskulatur testen** kann, weiß man schon seit tausenden von Jahren. So haben Forscher bereits in Höhlenzeichnungen der Maya-Indianer Hinweise darauf gefunden, dass der Muskeltest schon damals eingesetzt wurde. Das Testen der Muskulatur wurde zum Auffinden von Lagerplätzen sowie zur Ermittlung der Qualität des Trinkwassers wie auch zur Prüfung der Verträglichkeit von Pflanzen, Kräutern und Früchten verwendet.

Es geht hier also um uraltes Wissen über die Reaktion der Muskulatur, das sich im Zuge der industriellen Entwicklung aber immer weiter verlor – bis circa 1963 ein amerikanischer Chiropraktiker den Test der Muskelreaktion wiederentdeckte.

Das Wissen, dass uns die Reaktion der Muskulatur Hinweise auf organische Störungen geben kann, war der entscheidende Faktor, um das Muskeltestverfahren der SANAKinetik zu entwickeln. Bald wurde klar, dass dieser Muskeltest uns nicht nur Hinweise auf organische Störungen geben kann, sondern dass auch ein sehr starker Zusammenhang zwischen der Energielehre der Akupunktur und der Muskelreaktion wie auch den Stoffwechselfunktionen und der Muskelreaktion besteht.

Diese Zusammenhänge ermöglichen uns heute herauszufinden, welche ursächlichen Störungen innerhalb des Körpers, des Stoffwechsels oder des Energiehaushaltes uns beeinträchtigen.

Da sich in der Reaktion der Muskulatur und im Ablauf der Muskelbewegungen zugleich auch psychische Beeinträchtigungen aufspüren lassen, arbeitet dieses Testverfahren wirklich ganzheitlich und kann sowohl Körper, Stoffwechsel, Energie als auch Psyche über die Reaktion der Muskelsensorik überprüfen.

Das Besondere des Testverfahrens liegt darin, dass wir automatische Funktionen unseres Organismus überprüfen können, die wir mit unseren Gedanken nicht steuern können. Dies ist einmalig und führt dazu, dass die Ergebnisse auf Grund dieses Tests anders ausfallen, als bei allen bis dato bekannten Test- und Untersuchungsverfahren.

Seit Anfang der achtziger Jahre wird das Muskeltestverfahren nun in Deutschland praktiziert und erfreut sich in den letzten Jahren einer immer größeren Beliebtheit. Die Hinweise, die uns dieses Testverfahren gibt, zeigen uns einen eindeutigen Weg, wie wir unser Leben in Bezug auf körperliche und geistige Aktivität sowie auf Stoffwechsel- und Energiefunktionen ausrichten sollten.

5.1 Der Muskeltest

Der Test der Muskulatur lässt sich am besten anhand eines spezifischen Muskels erklären. Der im Folgenden verwendete Testmuskel liegt im vorderen Schulterbereich. Er hat die Aufgabe, den Arm noch vorne oben anzuheben und wird als vorderer Deltamuskel (Deltoideus anterior) bezeichnet.

Um den Test durchzuführen, müssen wir zunächst den Muskel in die erforderliche Ausgangsstellung bringen. Hierzu heben wir den Arm um circa 45 Grad nach vorne oben an. Die Handfläche zeigt nach unten.

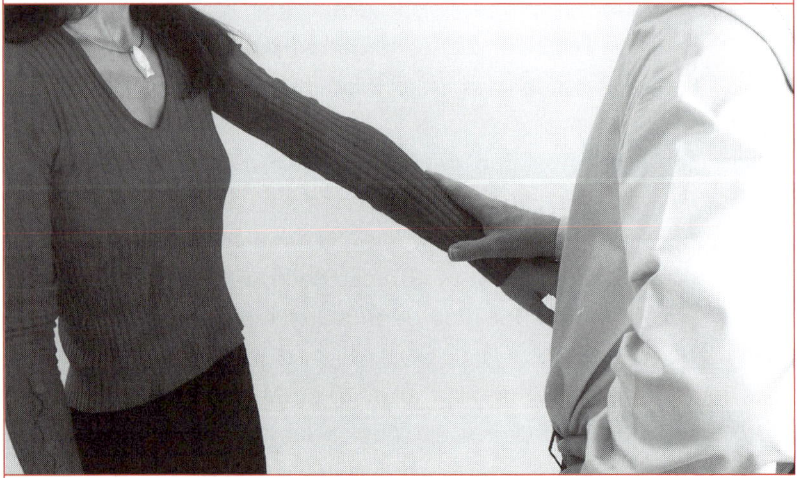

Vor und während der Durchführung des Muskeltests sollten wir folgende Punkte beachten:

> Der Muskel sollte in der entsprechenden Testposition sein.
> Um eine Reaktion des zu testenden Muskels zu bewirken, sollte diesem der Weg der Bewegung vorher einmal gezeigt werden.
> Die Testhand sollte immer hinter einem Gelenk liegen, niemals auf einer empfindlichen oder schmerzenden Stelle.

- Bevor der Test durchgeführt wird, sollte die Testperson einen Befehl erhalten (»Halten«).
- Die Testperson sollte circa eine Sekunde Reaktionszeit bekommen.
- Der Druck soll mit offener Hand langsam anschwellend ausgeführt werden.
- Die Druckdauer beträgt circa ein bis zwei Sekunden.
- Die Testperson atmet normal weiter.
- Testperson und Testers sollten nichts Bestimmtes erwarten, sondern neutral bzw. einfach neugierig sein.
- **Achtung:** Der Muskeltest ist kein Krafttest, sondern ein Reaktionstest.

Befindet sich der Muskel in der oben beschriebenen Ausgangsposition, geben wir der Testperson das Kommando »Halten« und versuchen, den Arm nach unten zu drücken. Nach einer kurzen Bewegungsreaktion rastet der Muskel ein, und wir müssten jetzt Kraft einsetzen, um den Arm nach unten zu drücken.

Dieses Einrasten des Muskels nach einer kurzen Reaktionszeit ist die normale Zeit, die der Körper braucht, um das akustische Signal »Halten« in die Bewegung umzusetzen.

Was passiert nun bei diesem Test? Wir überprüfen die Kommunikation zwischen dem Gehirn, unserer Schaltzentrale, und den Sensoren unserer Muskulatur, die für die Ausführung der Bewegung verantwortlich sind. Die Informationen der Sensoren über Längungszustand, Kraftaufwand und Spannungszustand der Muskulatur werden ständig an das Gehirn weitergeleitet. Letztendlich entscheiden die Sensoren über die Reaktion in der Muskulatur, nachdem sie Befehle vom Gehirn erhalten haben. Der Informationsaustausch zwischen Gehirn und Muskulatur erfolgt in Form von elektrischen Impulsen über das Nervensystem. Die Geschwindigkeit dieses Informationsaustausches in beide Richtungen beträgt mehr als 400 km/h.

Vereinfacht dargestellt laufen bei diesem Test folgende Prozesse in unserem Körper ab: Das Gehirn der Testperson erhält das akustische Signal »Halten«. Das Gehirn wandelt dieses Signal in einen elektrischen Impuls um. Es schickt diesen Impuls dann über das Nervensystem an die Sensoren in der Muskulatur. Die Sensoren überprüfen den Zustand des Muskels. Ist der Muskel locker und entspannt, geben die Sensoren den Impuls weiter, und der Muskel reagiert. Wir spüren ein kurzes Wackeln – und der Muskel rastet ein.

Nun führen wir einen zweiten Test durch, anhand dessen uns klar wird, wie die Kommunikation zwischen Gehirn und Muskeln funktioniert.

In allen Skelettmuskeln gibt es spezialisierte Muskelfasern, die als »Längenfühler« dienen und Muskelspindeln genannt werden. Diese Längenfühler überprüfen wir mit dem folgenden Test:

Wir bringen den vorderen Deltamuskel wieder in die Ausgangsstellung. Bevor die Testperson halten soll, zwicken wir mit den Fingern in den Testmuskel und zwar im Verlauf der Muskelfasern. Dadurch täuschen wir den Muskelspindeln eine Verkürzung der Muskelfasern vor.

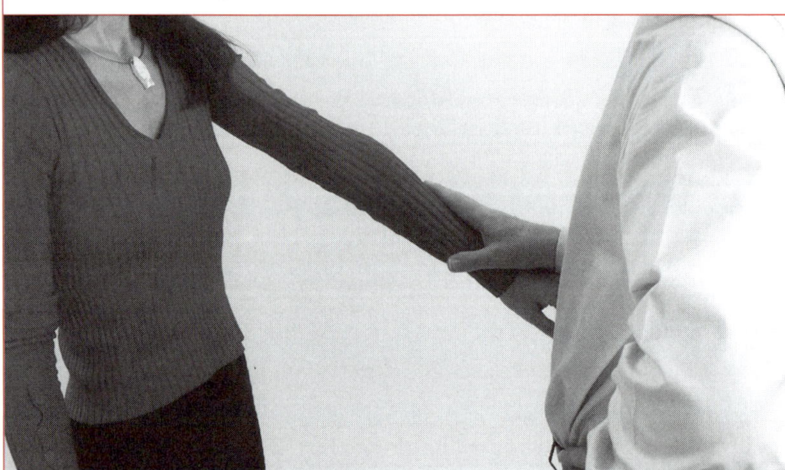

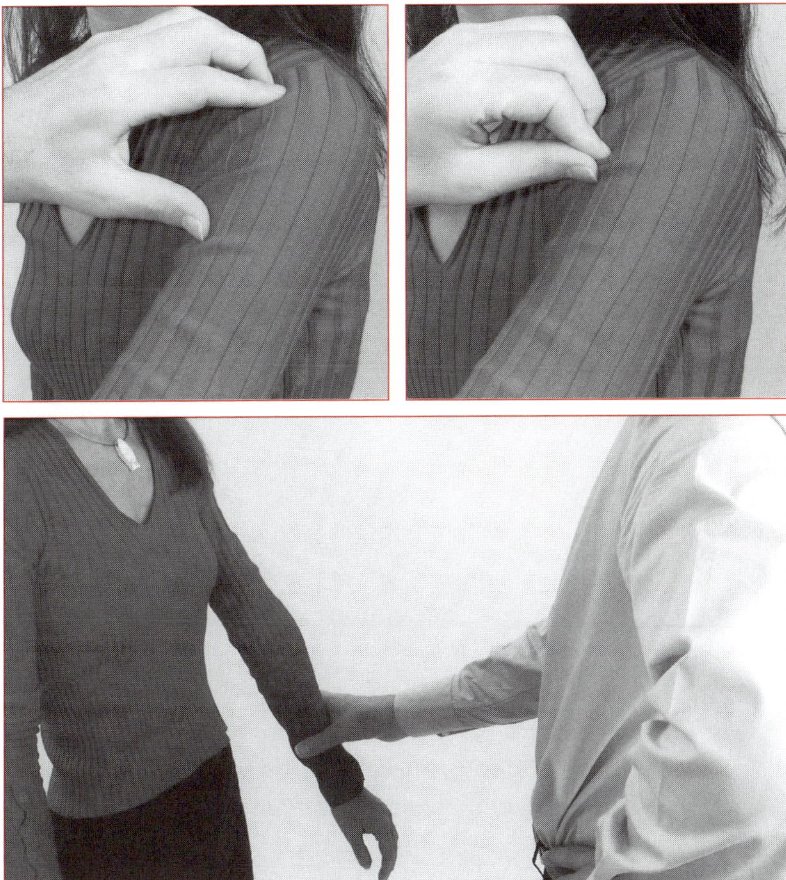

Jetzt geben wir der Testperson das Kommando »Halten« und führen den Muskeltest wie eben beschrieben durch. Der Muskel lässt sich jetzt beinahe ohne Widerstand nach unten bewegen, und die Testperson kann dem Druck nicht standhalten. Der Muskel rastet nicht mehr ein.

Dies funktioniert natürlich nur dann, wenn wir die Muskelspindeln in ihrem Verlauf richtig getäuscht haben und wenn keine grundsätzliche Störung der Kommunikation zwischen Gehirn und Muskulatur vorliegt.

Funktioniert also die Kommunikation zwischen Gehirn und

Muskulatur, darf der Muskel bei diesem zweiten Test nicht mehr einrasten. Wir können dies mit einem Lichtschalter vergleichen. Jeder Muskel des Körpers muss über das »manuelle Zusammenziehen« der Muskelspindeln ausgeschaltet werden können. Diese Täuschung der Muskelspindeln hält jedoch nicht auf Dauer an. Nach circa fünf bis maximal zehn Sekunden reagiert der Muskel wieder so wie vor dem Zwicken.

Das Unverständlichste am Universum ist im Grunde, dass wir es verstehen können.
Albert Einstein

Mit dieser Vorgehensweise kann jeder Muskel des Körpers getestet werden. Vorausgesetzt, man kennt die Funktion und den Bewegungsablauf des Muskels.

Wir haben aber nicht nur Sensoren, die die Bewegung kontrollieren. Wir verfügen auch über Sensoren, die für den Stoffwechsel zuständig sind, denn jede Bewegung ist ein Stoffwechselvorgang. Und wir haben Sensoren, die für die Psyche zuständig sind. Jeder von uns weiß, dass, wenn wir uns emotional nicht gut fühlen, wir das auch an unserer Körperhaltung und unserer Muskulatur spüren. Es gibt insgesamt über dreißig verschiedenartige Sensoren, von denen an jeder Muskelfaser eine Vielzahl sitzt.

Jetzt kommt es darauf an, welcher dieser Sensoren irritiert oder gestört wird und in welchem Zusammenhang dies passiert. Des Weiteren ist entscheidend, welcher Muskel unseres Körpers auf Grund dieser Störung oder Irritation bestimmter Sensoren nicht mehr reagiert.

Somit gibt uns unser Körper über die Reaktionen, die von den Sensoren gesteuert werden, Auskunft über seine grundsätzlichen Störungen und Blockaden. Die Reaktionen über die Sensorik der Muskulatur sind von unserem Gehirn nicht bewusst beeinflussbar.

Viele Dinge unseres täglichen Lebens, wie zum Beispiel die Bewegung oder die Verdauung, laufen automatisch unterbewusst ab. Sie werden von unserem Gehirn gesteuert, ohne dass wir diese Vorgänge bewusst mental beeinflussen. Genau deshalb funktionieren auch die Muskeltests.

Um Ihnen zu zeigen, wie sensibel Ihre Muskulatur reagiert und wie Ihr Körper kleinste Veränderungen wahrnehmen kann, möchte ich Ihnen noch zwei weitere Tests vorstellen.

Bei beiden Tests verwenden wir den vorderen Deltamuskel als Testmuskel. Die Ausgangsstellung und die Vorgehensweise des Tests bleiben wie oben beschrieben. Wir geben aber unserem Körper jetzt eine zusätzliche Information und sind neugierig, wie er darauf reagiert.

5.2 Test des Wasserhaushalts

Wasser ist neben der Luft das wichtigste Element für das Leben auf der Erde. Leider bekommt Wasser noch nicht die Bedeutung, die es verdient hat. Erst in Krisensituationen wird uns Menschen bewusst, wie wichtig das Wasser für unser Überleben ist. Aber wer von uns trinkt denn heute noch jeden Tag mindestens zwei Liter reines Wasser? Wer von uns weiß, wie sein Wasserhaushalt aussieht?

Für mich ist Wasser die Chance für die Menschheit, einen Großteil ihrer gesundheitlichen Probleme in den Griff zu bekommen.

Wasser ist ein Thema, über das in den letzten Jahren einige Bücher erschienen sind, die zum Teil widersprüchliche Aussagen enthalten. In diesem Buch will ich nicht näher darauf eingehen, weil ich der Meinung bin, dass man mit dem Thema Wasser seine eigenen Erfahrungen sammeln muss. Aus diesem Grund ist Wasser ein Bestandteil von all meinen Seminaren, die sich mit gesundem Leben beschäftigen.

Sie sind nicht krank, Sie sind **durstig**.
Dr. med. F. Batmanghelidy

Trotzdem halte ich es an dieser Stelle für wichtig, Ihnen eine Möglichkeit an die Hand zu geben, mit der Sie jederzeit Ihren Wasserhaushalt anhand der Muskelreaktion überprüfen können.

Um den Wasserhaushalt zu überprüfen, ziehen wir die Testperson leicht an den Haaren, während wir den Muskeltest ausführen.

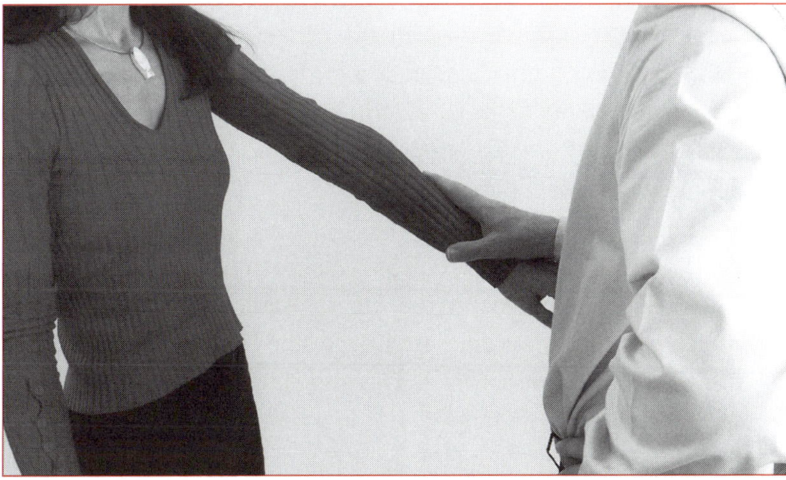

Zunächst bringen wir den vorderen Deltamuskel wieder in seine Ausgangsstellung. Wir legen eine Hand auf den Unterarm und ziehen mit der anderen Hand leicht an den Haaren der Testperson. Jetzt geben wir das Kommando »Halten« und testen den Muskel.

Rastet der Muskel ein, hat die Testperson momentan einen ausreichenden Flüssigkeitshaushalt. Rastet der Muskel nicht ein, hat die Testperson einen zu geringen Flüssigkeitshaushalt. In diesem Fall lassen wir die Testperson ein Glas Wasser trinken und wiederholen den Test noch einmal. Es ist durchaus möglich, dass ein Glas nicht ausreicht, um den Flüssigkeitshaushalt zu verbessern. Den Test wiederholen wir so oft, bis beim Haareziehen der Muskel einrastet.

Was steckt hinter diesem Test? Wir setzen einen natürlichen Reflex des Körpers ein, um den Flüssigkeitshaushalt zu überprüfen. Sobald sich irgendwo am Körper die Haut oder die Muskulatur vom Knochen löst, versorgt unser Organismus diese Stelle mit Flüssigkeit, um eine Regeneration einzuleiten.

Schlagen wir uns zum Beispiel das Schienbein an, bekommen wir an der Stelle eine Schwellung zum Schutz der betroffenen Stelle. Der Körper transportiert Wundflüssigkeit an diese Stelle, um sie zu heilen. Das Ablösen von Haut oder Muskulatur vom Knochen wird durch das Ziehen an den Haaren simuliert. Hierbei handelt es sich jedoch nur um eine minimale Veränderung, die wir bewusst nicht wahrnehmen können.

Trotzdem beginnt unser Körper sofort, seinen natürlichen Gesetzen zu folgen und diese Stelle mit Flüssigkeit zu versorgen. Haben wir nun zu wenig Flüssigkeit, kann unser Organismus diese Stelle gar nicht oder nicht ausreichend mit Wundflüssigkeit versorgen. Dies führt zu einer Irritation der Muskelsensoren, die für diesen Bereich zuständig sind. Deshalb halten unsere Muskeln dem Druck beim Muskeltest nicht stand.

Die Reaktion der Muskulatur zeigt uns also minimalste Veränderungen im Bereich von Organen, Muskeln, Gelenken, Stoffwechselfunktionen usw., die wir bewusst gar nicht wahrnehmen und schon gar nicht steuern können.

5.3 Test der Lebensenergie

Um Ihnen die Sensibilität Ihres Organismus und der Muskelreaktion noch weiter zu verdeutlichen, möchte ich das Wissen aus der Akupunktur verwenden.

Wie Sie mit Sicherheit wissen, sagt die chinesische Energielehre, dass in unserem Organismus eine so genannte »Lebensenergie« fließt. Diese elektrische Ladung fließt in so genannten Energiebahnen, die Meridiane genannt werden, direkt unterhalb unserer Haut. Die Energiebahnen sind vergleichbar mit Stromleitungen, wie sie in der Wand verlaufen.

> Wenn wir erst einmal gelernt haben, unserer Intuition zu vertrauen, folgen wir automatisch dem **Fluss des Lebens.**
>
> Talane Miedaner

Der Energiefluss innerhalb dieser Meridiane hat eine bestimmte Richtung: Auf der Körpervorderseite fließt die Energie nach oben, auf der Körperrückseite wieder nach unten.

So pulsiert ein ständiger Kreislauf durch unseren Körper. Bei einer Stromleitung ist die elektrische Spannung nicht nur in der Leitung messbar, sondern auch um die Leitung herum.

Genau so produzieren wir um unseren Körper herum ein Energiefeld, in dem Lebensenergie spürbar ist.

Dieses Energiefeld, das auch als Aura bezeichnet wird und im Abstand von circa fünf Zentimetern um unseren Körper verläuft, können wir mit dem Muskeltest überprüfen.

Hierzu bringen wir den vorderen Deltamuskel wieder in seine Ausgangsstellung. Wir legen eine Hand auf den Unterarm der Testperson.

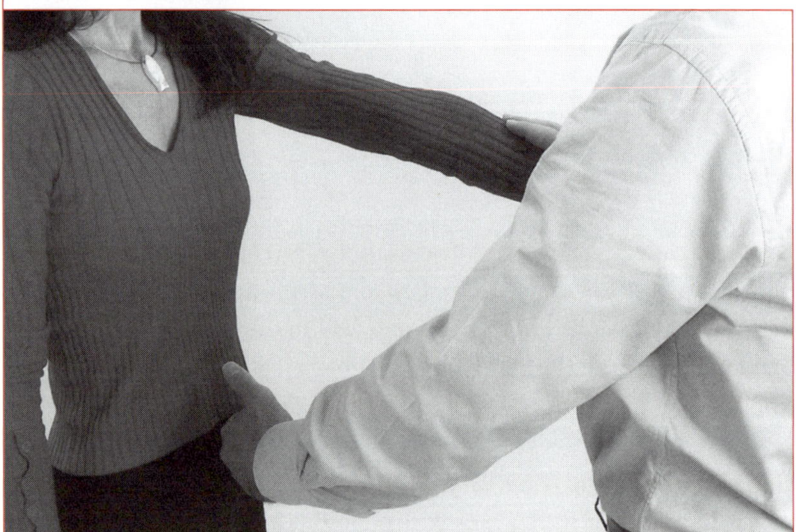

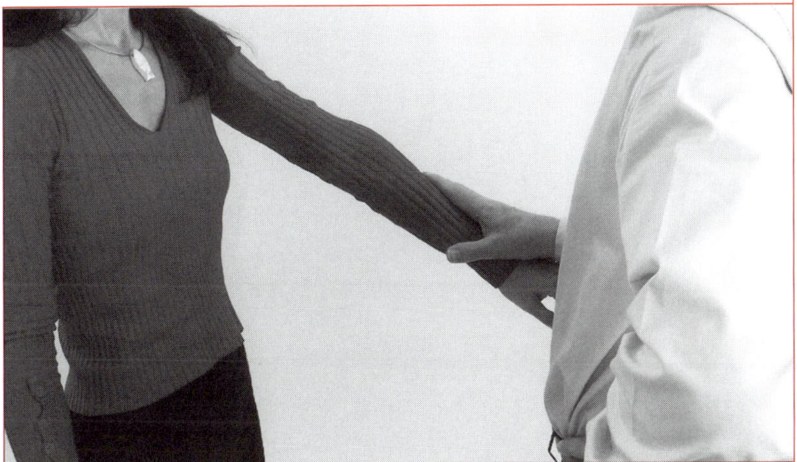

Mit der anderen Hand streichen wir in einem Abstand von ca. fünf Zentimetern vor dem Körper der Testperson vom Schambein bis zur Unterlippe. Jetzt geben wir das Kommando »Halten«. Bei einem funktionierenden, das heißt ungestörten Energiefeld rastet der Muskel beim Ausführen des Tests ein.

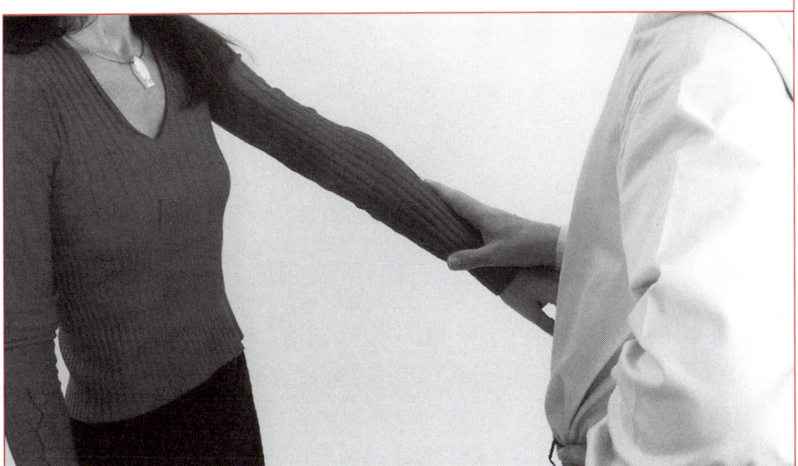

>>

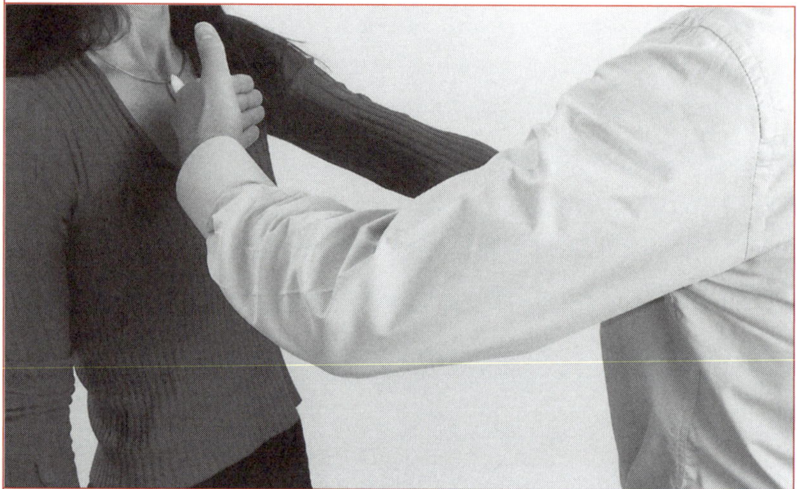

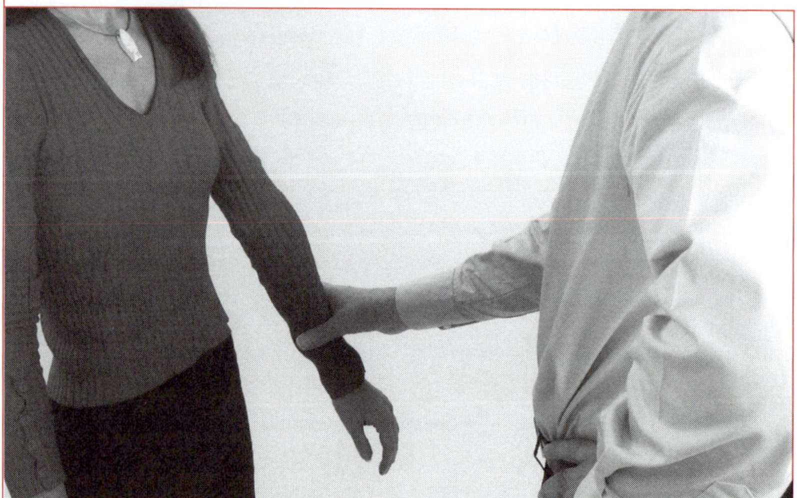

Anschließend streichen wir mit der anderen Hand in einem Abstand von ca. fünf Zentimetern vor dem Körper der Testperson von der Unterlippe bis zum Schambein. Bei einem intakten Energiefeld rastet der Muskel beim Ausführen des Tests nicht ein, und wir können den Arm nach unten drücken.

Beim ersten Test streichen wir mit der Hand in Fließrichtung der Energie und stärken das Energiefeld. Im zweiten Test streichen wir gegen die Fließrichtung und schwächen das Energiefeld.

Sofern dieser Test nicht funktioniert oder genau andersherum als beschrieben, liegt eine Störung im Energiehaushalt des Körpers vor. Eine solche Störung kann viele Ursachen haben.

Bei vielen Menschen wird sie vor allem von Narben ausgelöst. Liegt eine Narbe auf einer Energiebahn, kann der Energiefluss an dieser Stelle gestört sein. Dies wiederum kann Auswirkungen auf den gesamten Körper und die Gesundheit haben. Solche und auch andere Energieflussstörungen können über die Muskelreaktion gefunden und anschließend beseitigt werden. Eine fachmännische Beseitigung von Energieflussstörungen durch Narben kann innerhalb von Sekunden die Lebensqualität verbessern.

Der Test der Lebensenergie zeigt uns, dass die Sensibilität unserer Muskulatur in der Lage ist, uns Dinge zu zeigen, die wir selbst nicht wahrnehmen können. Diese Feinfühligkeit setzen wir im Muskeltest gezielt ein, um im Organismus abzufragen, wo grundsätzliche Störungen und Blockaden liegen.

1

2

3

4

5

6 Gesundheits- und Leistungscoaching

In den vorangegangenen Kapiteln haben Sie mit dem Muskeltest und dem Gehirn-Integrationstraining zwei Methoden kennen gelernt, deren Grundlage der Körper ist. Auf den ersten Blick ergänzen sich diese beiden Methoden nicht.

Tatsächlich liegt aber gerade im Zusammenspiel des Testverfahrens mit dem Gehirn-Integrationstraining das Potenzial begründet, das es uns ermöglicht, zu wachsen und alle unsere Ziele zu erreichen.

Die gleichzeitige Anwendung beider Methoden führt zu mehr als einer einfachen Addition der Effekte: Es entstehen Synergien, die uns eine unerwartete und so nicht gekannte persönliche Entwicklung möglich machen.

Betrachten wir das Zusammenspiel zwischen Körper und Gehirn unter diesem Blickwinkel, wird sehr schnell klar, dass nur das Zusammenspiel von Muskeltest und Gehirn-Integrationstraining solche Erfolge bringen kann.

Die neuen Nervenverbindungen, die im Gehirn durch das Training entstehen, werden nicht nur für die Bewegungskoordination und die Denkprozesse verwendet. Sie werden auch eingesetzt, um sämtliche Prozesse innerhalb des Organismus zu steuern.

Somit verbessern sich unser Stoffwechsel, unser Hormonhaushalt, unsere Verdauung, unser Immunsystem und sämtliche anderen Prozesse, die in unserem Körper ablaufen und von uns bewusst nicht gesteuert werden können.

Vor allem die nachhaltige Wirkung auf die Selbstheilungskraft und die Regenerationsfähigkeit unseres Körpers ist bei gesundheitlichen Problemen von großem Nutzen. Steigern wir über das Training die Leistungsfähigkeit unseres Gehirns, erreichen wir eine Verbesserung in allen Lebensbereichen.

Über den Test der Muskelreaktion bekommen wir die Informationen darüber, welche Kommunikationsprobleme innerhalb des Gehirns und zwischen dem Organismus und seinen vielfältigen Funktionen eventuell noch bestehen.

Denn auch eine Störung der Körperfunktionen durch einen äußeren Einfluss kann die Entwicklung von neuen Nervenverbindungen im Gehirn verhindern. In einem solchen Fall könnten wir monatelang ein Training zur Gehirnintegration durchführen, ohne einen nennenswerten Fortschritt zu erzielen. So ist wissenschaftlich zum Beispiel nachgewiesen, dass Umweltgifte oder Süß- und Farbstoffe in der Nahrung einen Einfluss auf die Entwicklung des Gehirns haben.

Letztendlich kann alles, was auf unseren Organismus wirkt, also das, was wir essen, trinken, einatmen oder berühren, die persönliche Entwicklung behindern oder uns sogar krank machen. Dazu gehören in der Zwischenzeit auch die Einflüsse von Elektrosmog in jeglicher Form. Durch die Muskelreaktion haben wir jedoch die Möglichkeit, diese schädlichen Einflüsse ausfindig zu machen und zu neutralisieren.

Es gibt tausend Krankheiten, aber nur eine **Gesundheit.**
Ludwig Börne

Wenn die persönliche Entwicklung stillsteht oder wir sogar krank sind, müssen wir in jedem Fall etwas in unserem Leben ändern. Nur dann haben wir die Chance, uns weiterzuentwickeln und gesund zu werden. Die Verantwortung für diese Veränderung tragen wir ganz alleine. Gehen wir sie aktiv an und erhöhen die Anzahl der Nervenverbindungen im Gehirn, schaffen wir die Voraussetzung, einen optimal funktionierenden Körper und Organismus zu erhalten. Er ermöglicht es uns, all unsere Lebensziele zu erreichen.

Der eigene Körper dient somit als Feedbackquelle und Wegweiser zur dauerhaften Freisetzung persönlicher Reserven und steht im Zentrum eines aktiven SANAKinetik-Gesundheits- und Leistungscoachings. Die beeindruckenden Ergebnisse entstehen dabei durch die scheinbar schlichte Addition der folgenden Einzelmodule:

> Muskeltestverfahren
> Gehirn-Integrationstraining
> Ernährungsberatung nach der Natürlichen Gesundheitslehre
> Fitness- und Sportcoaching
> Mentalcoaching

Bei unserer Ernährungsberatung liegt das Augenmerk nicht auf irgendwelchen Zahlen und wissenschaftlichen Auswertungen. Es ist nicht entscheidend, was die einzelnen Nahrungsmittel enthalten.

Vielmehr wird überprüft, wie gut deren Bioverwertbarkeit ist. Denn wir können eine Menge von Stoffen zu uns nehmen, die unser Körper scheinbar braucht. Doch wenn er diese Stoffe nicht verwerten kann, nutzen sie ihm nichts.

Je besser die Qualität der Nahrungsmittel oder Nahrungsergänzungen ist, die wir zu uns nehmen, desto gesünder sind sie für uns. Auf dieser Basis wird ein individuelles Ernährungskonzept aus verschiedenen Ernährungsformen entwickelt. Dies kann bei jedem von uns unterschiedlich aussehen.

Die wichtigste Rolle bei der Ernährungsberatung spielen auf jeden Fall immer die Natur und ihre unumstößlichen Gesetze. Aus diesem Grund werden auch die anatomischen und physiologischen Voraussetzungen der Ernährung mit betrachtet. Ebenso geben Blutwerte, Körperhaltung, Körperformen, Mimik und die Sprache wichtige Hinweise auf falsche Ernährungsgewohnheiten.

Das Zusammenfügen all dieser Informationen führt schließlich zu einem natürlichen Ess- und Trinkverhalten, welches die unverzichtbare Grundlage für Gesundheit und Fitness darstellt.

Leider sind wir Menschen in der Zwischenzeit oft zu weit von der Natur und ihren Gesetzen entfernt.

In meinen Seminaren bringe ich die Teilnehmer deshalb wieder Schritt für Schritt auf den Weg, ihren Körper besser wahrzunehmen. Denn es ist notwendig, dass wir unseren Körper erleben und aktiv wahrnehmen, statt ihn als gegeben hinzunehmen. Gesundheit ist kein Zustand, den man hat oder nicht hat. Gesundheit muss man leben. Und dafür brauchen wir unseren Körper.

Unsere Körpersignale sind die Impulse zu Glück und Gesundheit. Das Wissen der Menschheit ist im Vergleich zum Wissen unseres eigenen Körpers wie ein Wassertropfen im Ozean.

Nur indem wir unserem Körper die volle Aufmerksamkeit schenken und wieder lernen, alle unsere Sinne einzusetzen und eindeutig wahrzunehmen, können wir das unendliche Reservoir des Ozeans nutzen.

Scheitern
ist
nur die Gelegenheit,
es
noch einmal
intelligenter
anzupacken.

Henry Ford

Schlusswort

Die in diesem Buch beschriebenen innovativen Techniken bringen uns unseren Körper wieder näher und sorgen in ihrer Ganzheit für eine deutliche Verbesserung unserer Lebensqualität. Dieses Thema wird für eine immer größere Zahl von Menschen wichtig; der Wunsch nach einer tiefgehenden Integration von Körper und Gehirn ist nicht mehr aufzuhalten.

Kein Wunder: Das ökologische Zusammenspiel zwischen unserem Körper und unserem Gehirn ist das natürlichste Prinzip unserer Erde. Und unsere körperliche Intuition ist der einzige Weg zu mehr Glück und Gesundheit.

Individuelle Freiheit und Entfaltungsmöglichkeit finden wir nicht in Universitäten und hochwissenschaftlichen Untersuchungen, sondern durch das Studium unseres eigenen Lebens.

Die Einheit mit der Natur wieder zu erlangen und die natürlichen Gesetze unseres Lebens wieder zu beachten, ist die Lösung für viele unserer gesellschaftlichen Probleme.

Die Achtung vor Pflanzen, Tieren, Naturgewalten und die Achtung vor uns selbst und unseren Mitmenschen verhilft uns dazu, eine tiefe innere Gelassenheit zu bekommen und andere Menschen glücklich zu machen. Verlassen Sie sich daher einfach wieder auf Ihren eigenen Körper und nicht auf Ihre bewussten Gedanken und mentalen Konstruktionen. Die eigentliche Steuerung unseres Organismus kommt vom Körper.

Die Zukunft gehört der Fähigkeit, die Signale des Körpers wieder zu erkennen und unser Leben danach auszurichten.

Je mehr wir darüber lernen und je besser wir auf unseren Körper hören können, umso gesünder und glücklicher werden wir leben. Beginnen Sie, die Reaktionen Ihrer Muskeln zu nutzen und darüber wieder Zugang zu Ihrer Intuition zu erhalten.

Wenn Sie mehr Informationen über die Potenziale erhalten wollen, die Ihnen Ihr Körper eröffnet, schreiben Sie uns!

Akademie für SANAKinetik
Josef Mohr
Fronländer 23/2

D-72072 Tübingen
www.sanakinetik.de
info@sanakinetik.de

Datum	Übungen	1	2	3	4	5	6	7	8	9	10

Trainingsplan Koordination
1 = es gibt noch viel zu tun 10 = Ziel erreicht

Datum	Übungen	1	2	3	4	5	6	7	8	9	10

Trainingsplan Koordination
1 = es gibt noch viel zu tun   10 = Ziel erreicht

Datum	Übungen	1	2	3	4	5	6	7	8	9	10

Trainingsplan Augen

1 = es gibt noch viel zu tun   10 = Ziel erreicht

Datum	Übungen	1	2	3	4	5	6	7	8	9	10

Trainingsplan Augen
1 = es gibt noch viel zu tun   10 = Ziel erreicht

Literaturverzeichnis

Carter, Rita: Atlas Gehirn, Schneekluth Verlag

Brown, Jenny/Krebs, Charles T.: Lernsprünge, VAK Verlag

Daimond, John Dr.: Der Körper lügt nicht, VAK Verlag

Dennison, Paul E./Dennison, Gail E.: Brain-Gym Lehrerhandbuch, VAK Verlag

Gegenfurtner, Karl R.: Gehirn & Wahrnehmung, Fischer Taschenbuch Verlag

Goddard, Sally: Greifen und Begreifen, VAK Verlag

Häusel, Hans-Georg: Think Limbic!, Haufe Verlag

Hempen, Carl-Hermann: dtv-Atlas Akupunktur, Deutscher Taschenbuch Verlag

Ornstein, Robert: Evolution des Bewusstseins, VAK Verlag

Schmidt, Robert F./Schaible, Hans-Georg: Neuro- und Sinnesphysiologie, Springer Verlag

Wandmaker, Helmut: Willst Du gesund sein? Vergiss den Kochtopf!, Goldmann Verlag

SANAKinetik – Leben ist Bewegung

Sämtliche Projekte und Seminare von Josef Mohr beinhalten die Themen Gesundheits- und Leistungscoaching, Bewegung sowie erfolgsentscheidende Umwelt- und Ernährungsfaktoren.

Der Fokus sämtlicher Seminare liegt stets auf der unmittelbaren und damit erfolgreichen Umsetzbarkeit im Alltag. Privat wie beruflich. So setzen sämtliche Seminare auf die aktive Beteiligung der Teilnehmer.

Firmenprojekte – Wir denken unternehmerisch

Denn nichts können sich Menschen besser merken, als das, was sie selbst tun.

Erfolgreiche Unternehmen brauchen gesunde Mitarbeiter. Die Förderung mentaler und körperlicher Fitness, Stressabbau und Prävention sind wirksame Werkzeuge für Motivation und Leistungsstärke.

Persönlichkeitsentwicklung sehen wir als Chance für jeden Einzelnen, in erster Linie jedoch auch als wichtigen Teil der Personalarbeit.

Die Führungsaufgabe stellt für den, der sich ihr mit Leib und Seele hingibt, eine höchst interessante und befriedigende, mental und körperlich jedoch auch äußerst anspruchsvolle Tätigkeit dar.

Ganz so, wie es für Ihr Unternehmen passt und wie es für Sie den größten Nutzen bringt.

Unser Programm setzt da an, wo Unternehmen den optimalen Nutzen haben. Die Module im Einzelnen:

> Impulsvortrag
> Impulsseminar
> Intensivseminar
> Gehirn-Integrationstraining
> Teamtraining
> Mitarbeiterauswahlprozess
> Gesundheitscoaching für Gruppen oder Einzelpersonen.

Dies ist die Bandbreite, innerhalb der Sie bei SANAKinetik Ihre Wahl treffen können.

Öffentliche Seminare – Der individuelle Weg zu persönlichem Erfolg

Die Palette erstreckt sich je nach Bedarf vom Vortrag über das eintägige Impulsseminar bis hin zum mehrtägigen Intensivseminar:

> Körper neu erleben
> Körpersignale – Schärfe Deine Sinne
> Körperökologie – Nähre Deine Sinne
> Körpermotivation – Lebe Deine Sinne.

Über das SANAKinetik-Seminarprogramm »Gesundheitscoach« haben Sie darüber hinaus die Möglichkeit, Ihre Potenziale völlig neu einzusetzen.

Weitere Impulse und Informationen erhalten Sie unter:
www.sanakinetik.de & info@sanakinetik.de

Kommen Sie mit SANAKinetik ins Handeln

Weil wir wissen, wie entscheidend es ist, erfolgreich ins Handeln zu kommen, können Sie das vorliegende Buch durch drei Erfolgsfaktoren ergänzen und diese bei uns bestellen:

Trainings-KIT

Sie wollen professionell mit dem Training starten?
Dann bestellen Sie unser Trainings-KIT zum Buch!

> **zwei SANAKinetik-Trainingsbälle für das Koordinationstraining und**
> **ein Laserpointer für das Augentraining.**

Investition: 14,80 € (zzgl. 2,50 € Versandpauschale)

Musik-CD

Sie wollen sich darüber hinaus mit der entsprechenden Musik unterstützen? Dann bestellen Sie unsere Musik-CD zum Buch!

> **SANAKinetik – Fantastic sounds of big emotion**

Investition: 14,80 € (zzgl. 2,50 € Versandpauschale)

Geschenkversandservice

Sie wollen jemanden mit diesem Buch ins Handeln bringen?
Dann nutzen Sie doch unseren Geschenkversandservice!
Senden Sie uns einfach eine Mail an **info@sanakinetik.de**

... oder laden Sie sich das Bestellformular auf unserer Homepage **www.sanakinetik.de** herunter.